JN107776

SDGs時代のESDと社会的レジリエンス研究叢書 ③

古川柳蔵・生田博子 編著

在来知と社会的レジリエンス
サステナビリティに活かす温故知新

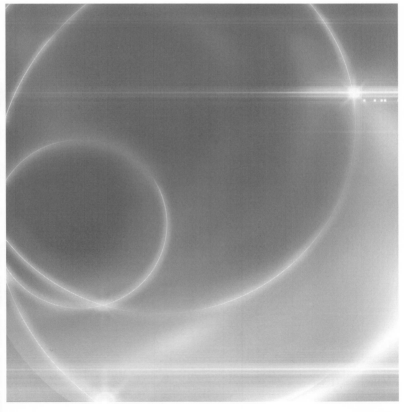

筑波書房

はじめに

　地球環境は人類が持続的に住むための条件、すなわち"地球の限界（Planetary boundaries）"を越えており、化石燃料を基盤とした社会から脱炭素社会へと変容しなければならない。つまり、化石燃料を用いた利便性や快適性ばかりを追求する社会から、再度、社会が求める豊かさとは何かを見直し、厳しい地球環境制約の中でも持続可能な暮らし方を新たに創出し、そこに向かってどのように社会変容すべきかを考え、実行しなければならない。

　多くの国々では、従来の自給自足に近い自立型の暮らしから科学技術や商品・サービスに頼る依存型の暮らしに移行してきた。この依存型の暮らしは化石燃料を利用してきたため持続可能ではなくなった。既に、CO_2濃度が上昇し、地球が温暖化する一方であり、2030年に向けて全世界的に持続可能な開発目標（SDGs）の実現を目指す必要がある。また、そのように科学技術や商品・サービスに依存し過ぎた人々は、近年手に入れた先端技術でも防ぎきれない自然災害が起きた時の対処方法や知恵を失いつつある。SDGsのゴール13「気候変動及びその影響を軽減するための緊急対策を講じる」の中で、ターゲット13.1では、すべての国々において、気候関連災害や自然災害に対する強靭性（レジリエンス）及び適応の能力を強化すると明記され、また、ターゲット13.3では、気候変動の緩和、適応、影響軽減及び早期警戒に関する教育、啓発、人的能力及び制度機能を改善すると明記されているように、世界的にレジリエンスや適応能力の強化の重要性が高まっている。

　2011年3月11日に襲った東日本大震災は、日本社会に大きなダメージを与え、日本ではそれ以降、社会的レジリエンスの重要性が高まった。近年、自然災害の規模が大きくなり、また、多くの地域において高齢化が進んでいる。人々の暮らしや社会システムがダメージを受けたとしても、自ら回復し、豊かな暮らしを継承していくためには、社会的レジリエンスを強化していく必要がある。東日本大震災によって東北地方の沿岸の市町村の多くは未曾有の

津波被害を受け、行政機能が麻痺した。行政による被災者の救助と支援が困難を極めたことを受け、政府は広域災害発生時の住民同士の共助を求めた。その結果、いくつかの地区では助け合いがなされたが、連絡が途絶えた地域では自ら手づくりの風呂をつくり、停電の地域においても体を癒すことができたところもあった。これは地域に残る暮らしの知恵が非常時に有効に機能したことを意味する。そして、これは知恵の存在だけでなく、それを活かそうとする地域の人々の価値観や行動が復興を左右することになった。温故知新という考え方がベースとなっていたのである。

戦後、便利な商品やサービスが普及するにつれ、個人や地域コミュニティが保有してきた自然との共生に必要な知恵は不要となっていった。これは日本だけではなく、世界的に同じ方向に向かっていった。このまま何もしなければその地域に残る暮らしの知恵が利用されなくなり、消えてしまう。これをどのようにすれば、将来、変動性（Volatility）、不確実性（Uncertainty）、複雑性（Complexity）、曖昧性（Ambiguity）が際立つVUCA社会が到来する中で、必要な時に活かすことができるようになるのか、地球上の人類の持続可能な社会の構築には極めて重要な問題である。

ここまでは暮らしの知恵という言葉を使ってきたが、地域に存在する「知」には、多くの呼び方や意味が存在する。在来知、伝統的知識、民俗知、ローカルナレッジ、暮らしの知恵などである。在来知は地域内由来の知識であり、地域外由来の知識とは区別されるが、地域外由来の知識はやがて地域内由来の知識に取り込まれていくことがある。学術的には「在来知」の定義はいくつか存在する。本書では、VUCA社会における厳しい制約下での社会的レジリエンスをテーマにしており、文化人類学、環境科学、教育学など分野横断的な議論を展開する場であるため、在来知については「地域で継承・実践され、自然・社会環境と日々関わる中で形成された実践的、経験的な知識や技術」のことを指し、広い意味で捉えることとする。暮らしの中の概念（持ちつ持たれつ等人間関係を良好にするための知識）、しくみ（結、講、冠婚葬祭等）、文化（神楽、盆踊り等）の中にも地域由来の知識や技術が含まれるため、

在来知を含む概念、しくみ、文化まで本書の議論の対象となる。文化まで含めると意味が「知」から少し離れるようだが、文化の中にはコミュニティを良好に維持するために有効と思われる知識が多数含まれ、社会的レジリエンスの強化につながるため、本書の議論の対象に含める。

　在来知は決して万能ではない。常に在来知は元の状態にあるわけではなく、その地域の人々や自然環境や社会との関係で変容していくものである。また、在来知は地域の人々の暮らしに根差すため、他地域で応用するなど使い方を間違えれば、うまく効果が発揮されない可能性もあることを踏まえなければならない。さらに、社会的レジリエンスの向上のために、在来知の科学的検証を進めることや生物規範工学あるいはネイチャーテクノロジーと呼ぶ生物が持つ技術を科学的に明らかにして低環境負荷な技術開発を行う研究が進んでいる。このような在来知と科学技術の融合も期待される。

　本書では、地域の在来知の活用と社会的レジリエンスとの関係について、環境科学、文化人類学、教育学の専門家が最新事例に基づき考察し、執筆していく。対象地域は、日本だけでなく、アフリカ・ナミビア、米国・アラスカ、フィリピン・ベトナム等のアジア地域といったように世界における在来知を対象としている。在来知はそれぞれの地域に由来するものであるが、論点に関しては共通点が多いことに気づくであろう。

　具体的には、第1章では、戦前の暮らし方の調査の分析結果に基づき、2050年に向けて、気候変動の影響や不便な生活に直面した際に、ダメージを回復し、脅威をいなし、心豊かな暮らしを再び取り戻すためには、社会変容や個人変容がどの程度必要なのか、社会的レジリエンスをどのように強化できるのかについて考察し、今後の社会的レジリエンスの強化における課題や展望について述べる。第2章では、宮城県南三陸町の山間に位置する入谷地区を対象に、東日本大震災以降の具体的な地域住民の活動を分析し、地域資源を利用した多様な主体の協働活動と地域レジリエンスについて考察する。第3章では、ナミビア北部の農牧社会を対象に、現地の住民が昔から実践してきた物々交換や贈与などの慣習的な食糧獲得手段に着目し、それらの生計活動

を社会的レジリエンスという観点から捉えなおす。また、市場経済やグローバル化が進む中で物々交換がどのように営まれ、維持されているのかをそれらの行動を支える在来知に注目して明らかにする。第4章では、アラスカの先住民族の生存漁労を事例に、政府研究機関と地域住民との協働や、政策や方針の決定において科学的知識と在来知がどのように活用され、それが裁判や政治にどう影響するのかに注目する。第5章では、社会的レジリエンスに重要な在来知をどのように伝承できるのか、子どもや保護者を対象としたワークショップや里山等を利用した地域イベントを用いた実証研究に基づき、価値観の転換やライフスタイル変革への可能性について考察する。第6章では、ヤップ島でのプロジェクトや教育プログラムを取り上げる。来訪者らが島での知恵と技を体験的に学びながら、個人としてコミュニティとして、生き方や暮らしをどのように再構築するかを自律的に考えるプログラム事例に基づき、「地域」での「学び」を「暮らし」へつなぐ道筋を検討し、国際経済の指標では主流でない地域が持つ、社会的レジリエンスの文脈での価値を考察する。第7章では、国際調査研究プロジェクト「無形文化遺産の持続可能な開発への貢献に関する複合的研究─教育を題材として─」(2018年度－2019年度、文部科学省ユネスコ活動費補助金)に基づき、実施組織の概要、無形文化遺産条約、無形文化遺産の意義と特色、無形文化遺産の今日的課題、アジア地域における無形文化遺産の現状と課題を概観し、本国際プロジェクトを通して実施されたベトナム国、フィリピン国における実践的事例調査から、持続可能な開発のための教育(ESD)への貢献、持続可能な地域づくりへの貢献について考察を深める。

　本書で紹介する事例は、全ての著者が現場に足を運び、地域の人と会話し、在来知に直に接して、そこに可能性を見出したものばかりである。今後、地域由来の在来知がVUCA社会という困難な状況での道標となることを願っている。

　2021年5月

著者を代表して　古川　柳蔵

目　次

第1章

自然との共生のための在来知と社会的レジリエンス

古川 柳蔵

1　はじめに

　地球環境が激変しようとしている。日本においても異常気象が増えている。毎年のように記録的な天候や災害が続いている。これらは温室効果ガスの排出による地球温暖化が原因とされている。気候変動が起これば、自然生態系に影響がおよび、種の絶滅、地域固有の生態系の消失、漁獲量減少、水質悪化や渇水の深刻化、マツ枯れなど病害虫の分布拡大、洪水や土砂災害などの増加、観光の対象となっていた自然の変化など、生態系サービスの低下が起こる。これにより、現在の安定した快適で便利な社会が継続できなくなる。2020年には国は方針を変え、2050年に温室効果ガス排出実質ゼロに向かうことが目標となった。私たちは既に、変動性（Volatility）、不確実性（Uncertainty）、複雑性（Complexity）、曖昧性（Ambiguity）が際立つVUCA社会に突入しており、その変化への適応力である社会的レジリエンスが求められている。

　地球環境が変化することの怖さは、2020年ごろから一気に世界的に感染が広がった新型コロナウイルスの影響を見ると一目瞭然である。新型コロナウイルスの発生原因を突き止めることは困難であるが、現象だけ見れば、地球温暖化で起こることが予測されていた脅威と同じである。命を守るために、

Key Word: 在来知の劣化、概念構造、形成プロセス、制約の中の豊かさ、科学技術との融合

1

経済面を犠牲にせざるを得ない状況になる。このまま何も対策をしなければこのような「制約」を受けることになる。一方で、温室効果ガス排出実質ゼロに向かえば、化石燃料を利用できなくなり、ガソリン車、ガス、プラスチック、電気の使用量など大幅に削減する必要がある。つまり、いずれにせよ、今までの安定した快適で便利な生活は維持できないのである。イノベーションに期待する面もあるが、イノベーションの実現にはある程度時間を要するため、私たちの生活環境が安定から非安定に向かうことは確実である。これまでの快適で便利な生活を一旦手放さざるを得ないため、私たちの暮らしは数えきれないほどの「制約」に囲まれることになる。そして、「制約」の中で如何にして、物質の豊かさから心の豊かさを求める暮らしへと転換することができるかについて、国の総力を持って考えなければならない。

　「制約の中の豊かさ」とは何か。物があまりなかった頃の生活を思い出して欲しい。外食産業が発達していなかったころ、家で食事をすることが多かった。家族との関係は強かったと思うが、今は、関係が弱まっている。コロナ禍でステイホームといって家で過ごす時間が増えたことにより、家族の良さを再認識する人も多い。これが「制約の中の豊かさ」である。自動車がなかったころ、誰もが歩いて行動していた。20km歩くことはたやすいことで、その道中で寄り道したり、美しい自然に触れたりしていた。近所の人とも井戸端会議をすることも多く、近所の人とのつながりは強かった。今は、自動車があるので、家から自動車で出ると近所の人との挨拶は車の中からしか行わない。近所との関係も疎遠になっていった。コロナ禍では家にいる時間が増えると運動不足になるので、近所を散歩する人が増えた。その結果、近所にこんなものがあったなど新たな発見があった人も多いだろう。これも「制約の中の豊かさ」である。

　戦前の暮らしにも「制約の中の豊かさ」が溢れていた。戦前の暮らしは、今の生活と比較して圧倒的に不便で面倒なことが多かった。しかし、地下資源ではなく地上の資源により、豊かに暮らそうとしてきたため、自然と共生して豊かさを得るための知恵が溢れていた。保存食の作り方も薪の入手方法

もそうである。面倒ではあるが、一方で、心を豊かにしてくれる要素を、知恵を絞って生み出していたのである。

　話を最初に戻すが、私たちの未来では気候が変動し、便利な物を手放さなければならない。そのような制約に囲まれた中で如何にして心豊かに暮らすことができるかを考える必要がある。便利な物を手放す「制約」に囲まれた暮らしの中でどのようにすれば心豊かに暮らすことができるのか、そこへ転換していくためには何をすべきか、重要な問題である。戦前の時点の「制約」と未来の「制約」は全く同一なものではない。科学技術が発展し、私たちは新たな技術を手に入れたのである。「制約」が厳しい未来でも使用が可能な技術もある。または、生物多様性の劣化は、戦前にはなかった「制約」であり、私たちにとっては未経験の「制約」である。しかし、戦前の暮らしの中に存在した「制約」の中で心豊かに暮らすための知恵は、そのまま使わないにしても、その意図をくみ取り、応用し、かなりの部分で未来の暮らしに活かせるのではないか、社会的レジリエンスの強化に活かせるのではないかと考えた。

　このようなことから、筆者は600名を超える90歳前後の方に戦前の暮らしについて大規模な聞き取り調査を実施してきた。主な対象者は太平洋戦争に入る前（1942年以前）に20歳になっていた大正11年より前に生まれた方である。これらの分析によると、自然との共生のための知恵は自然環境に大きく依存していることが明らかとなった。雪が降る北部の地域と温暖な気候の南部の地域では、使われている知恵が異なるのである。日本の面積は世界の国々と比較すると小さいものの、気候だけでなく、川や海、湧き水の存在によっても変わるのである。また、自然は驚異であったため、日常的に近所の人との支え合いが行われていた。さらに、自然の脅威に対応する知恵だけでなく、自然の恵みや自然によって育まれる豊かな感性もコミュニティ形成に寄与していたことがわかった。これらの戦前の暮らしの知恵やそれを支える豊かな感性は、将来、社会的レジリエンスを強化する上で活かすことができるに違いない。戦前の暮らしの知恵には、それぞれの地域に存在した知識や技術が

含まれており、在来知そのものである。一方、「もったいない」などの概念、講、結などのしくみ、神楽などの文化についても、社会的レジリエンスの観点ではその中に在来知も含まれていると考えられる。

　本章では、将来の厳しい地球環境制約を踏まえ、戦前の暮らしの調査結果に基づき、2050年に向けて気候変動の影響や不便な生活に直面した際に、ダメージを回復し、脅威をいなし、心豊かな暮らしを再び取り戻すためには、戦前の暮らしに含まれる在来知が、どのように活かせるのか、社会的レジリエンスをどのように強化できるのかについて考察し、今後の社会的レジリエンスの強化における課題や展望について述べる。

2　自然との共生のための在来知とその構造

　戦前の日本は、どのような景色であったのだろうか。東京は今イメージするような町ではなく、道路は舗装されていない、車の数は少ない、高い建物もない、畑があり、川で魚を採り、今イメージする田舎とさほど変わらなかった。地方では燃料の薪を準備し、米をつくり、畑を耕し、山菜を集め、近所の人と共同作業をし、自給自足の地域もあったのである。日本の暮らしは自然との共生そのものであったわけであり、そこには自然を相手にするための在来知が存在していたのである。

（1）在来知の抽出

　2009年から2011年にかけて、宮城県を対象として、海、山、川、町など居住環境、職種、地区などに偏りがないよう対象者をサンプリングし、県内在住の65人に対して戦前の暮らしについて聞き取り調査を行った。このメモに基づき、環境科学の研究者や地域の民俗調査に携わる合計4人の研究者により、聞き取り時の発言文ごとに含まれる概念を抽出し、日常生活の事象について共通概念のパターン化を行った。共通概念は70種類におよんだ。その後、これを宮城県以外の地域での聞き取り調査のメモについても検証し、網羅さ

1. 自然と寄り添って暮らす	23. 分け合う気持ち
2. 自然を活かす知恵	24. つきあいの楽しみ
3. 山、川、海から得る食材	25. 人をもてなす
4. 食の基本は自給自足	26. 出会いの場がある
5. てまひまかけてつくる保存食	27. 祭りと市の楽しみ
6. 質素な毎日の食事	28. 行事を守る
7. ハレの日はごちそう	29. 身近な生と死
8. 野山で遊びほうける	30. 大勢で暮らす
9. 水を巧みに利用する	31. 家族を思いやる
10. 燃料は近くの山や林から	32. みんなが役割を持つ
11. 家の中心に火がある	33. 子どももはたらく
12. 自然物に手を合わせる	34. ともに暮らしながら伝える
13. 庭の木が暮らしを支える	35. いくつもの生業を持つ
14. 暮らしを映す家のかたち	36. お金を介さないやりとり
15. 1年分を備蓄する	37. 町と村のつながり
16. 何でも手づくりする	38. 小さな店、町場のにぎわい
17. 直しながら丁寧につかう	39. 振り売り、量り売り
18. 最後の最後まで使う	40. どこまでも歩く
19. 工夫を重ねる	41. ささやかな贅沢
20. 身近に生き物がいる	42. ちょっといい話を話す
21. 暮らしの中に歌がある	43. ちょうどいいあんばい
22. 助け合うしくみ	44. 生かされて生きる

図1-1　44の失われつつある暮らしの価値

れていることを確認した後に、70種類の共通概念を44種類に集約した（図1-1）。今の暮らしと比較するとその多くが失われていることから、これを「44の失われつつある暮らしの価値」と呼んでいる（以降、44の価値と呼ぶ）。しかし、改めてこの意味を解釈し直すと、戦前の暮らしは、自然と共生する暮らしであり、地域固有であり、地域の人が伝承してきたものであることから、戦前の暮らしの中には「自然との共生のための在来知」が数多く含まれていると考えられる。少し詳しく、44の価値の一部を見てみたい。聞き取り調査の事例に基づき整理したものである。

２．自然を活かす知恵

　身近な野山から得られる天然の素材、樹木や草、木の実や葉は、暮らしになくてはならない大切な資源であった。何が、どのような効能と薬効を持つか。人々は手に入る様々な素材を知り尽くし、それらを多彩に活かす知恵と

技を身につけていた。そして、手をかけ時間をかけ、ていねいに素材と向き合って、無駄なく生活に役立てた。暮らしは全て自然の素材でできていた。地域固有の自然資源の使い方は在来知であろう。

15. 1年分を備蓄する

　半年先、1年先を考えながら、暮らしの中で様々な備えを行っていた。例えば、燃料となる薪はたいていの家で1年分を備え、中には10年分も備蓄する家があった。万が一の自然災害への備えにもなった。何より、備えは気持ちにゆとりと安心をもたらしてくれた。この地域で備蓄に必要な期間が1年という知恵は地域固有の知識であり在来知であろう。

16. 何でも手づくりする

　衣食住の全てにわたって、必要なものは買うのではなく自分の手でつくる。麹も味噌も醤油も、赤ん坊のおしめも紋付きも、炭すごやむしろも、柿もぎの道具まで家庭内で手づくりした。材料の多くは野山など身近なところで手に入る天然素材である。人々は材料を熟知し、親から子へ技術を手渡してい

写真1-1　ソテツで虫かごを編む

った。このように手づくりの知識は在来知であり、身近にある天然素材を使い、手づくりすることにより楽しみを得られるという知識も在来知である。

17.　直しながら丁寧に使う

　一度手に入れたものは衣服であっても道具であっても、大切に手入れしながら使用した。手入れすればものは必ず長持ちすることを知っていた。そして、傷みがひどくなる前にこまめに修理を施したものであった。修理を重ね、使い込んでいくことは、ものへの愛着を深めていくことにつながっていた。使い捨てではなく、直しながら丁寧に使うと愛着を深めることができるという知識は在来知である。

22.　助け合うしくみ

　地域には数軒の家がまとまって助け合う「結」とよばれる仕組みがあった。「ゆい」「よいっこ」など呼び方は様々だが、近所同士が助け合うための仕組みであった。「結」に属する家々は、田植え、屋根葺きの時、家族と同じように手助けした。家長、姑、若い嫁同士が親睦を深める「講」と呼ばれる仕組みもあった。このように自然との共生の暮らしでは、毎年のように繰り返される助け合いが存在し、何らかの仕組みを導入し継続させるという方法は

写真1-2　日本の茅葺屋根の家

在来知である。地域によってその呼び方、種類が異なっていた。

28.　行事を守る

　　正月を迎えるための年末の準備に始まり、家庭では1年を通して様々な行事が行われた。その一つ一つに意味があると信じ、人々は丁寧に先祖代々受け継いできた習慣を守っていた。それは家の安泰を願う大切なしきたりであったが、同時に人々はそこにかけがえのない楽しみも見出していた。行事の継続が危ぶまれた時には、新たなルールを地域の人で知恵を絞り、考え、後継者を安定的に確保した事例もある。行事を守るため考えた、ルールをも改訂して存続する方法は在来知である。

36.　お金を介さないやりとり

　　船上げを手伝って魚をもらう、油締めや製粉のお礼に炭を渡す、賃金の代わりに米で支払う。そのように、お金ではなく物をやりとりして人々は暮らしていた。そのためには、物を見る目が必要であると共に、物の価値以外にお礼の気持ちも上乗せして、物のやりとりをしていた。はっきりと金額で表現するのではなく、あいまいさを残したやりとりはお互い気持ちよくやりとりするための方法であり、これも在来知である。

　　いずれも国が規定して国民に伝えられたものではなく、各地域の暮らしの中で、地域の人が経験則で育んだ在来知である。どのように虫かごをつくるのか、どのように何を備蓄すれば良いのか、どのように直すと長持ちするのか、どのように助け合うと人間関係がうまく行くのか、多世代にわたり使われてきた在来知である。技術、しくみ、人間関係をうまくする方法、安心を得る方法など幅広い。伝承されたもの、アレンジされたもの、新規に生み出されたものがある。日常生活で毎日のように何年も利用されながら最適化されてきた在来知であるため、自然環境や社会状況が変化すれば、在来知は変化するのは当然のことである。まさに、これらがかつての日本で構築された

自然との共生のための在来知と言える。そして、これらの在来知は、化石燃料が使用できなくなった時の楽しみの生み出し方のヒントにもなり、食料調達もままならない状況では備蓄の考え方が有効である。物が大事になっていく世界では修理して長く使うという考え方は重要である。高齢化社会で如何に行事を守っていくかを考える上でも役に立つ。つまり、社会的レジリエンスを強化するのに有効であると考えられる。

（2）暮らしの概念構造と在来知の劣化

　今、これらの在来知が失われようとしている。なぜなのか。在来知同士の関係や暮らしの中での在来知の構造を明らかにすれば、失われていく理由を理解できるかもしれない。そこで、在来知の概念を構造化するため、在来知を含む44の価値をさらにその上位にある自然、地域、家族、生産、使用、循環、商売、外の世界との触れ合い、極み・成長、五感、楽しみ、感謝の12種類の概念に集約した。次に、存在論を基礎とするオントロジー工学の行為分解の考え方に基づき、12種類の概念を暮らしのゴールとそれを達成するための行為又は方式（技術、しくみ、方法などを表す）として捉え、暮らしのゴールを最上位に置き、それを実現させるための行為や方式を戦前の具体的な暮らしを参考にしながら、意味が通るように並べた（**図1-2**）。

　具体的には、最下段に配置したのは、1)「自然」とのつながりという方式を用いて自然を活用し、自然に備える、2)「地域」とのつながりという方式を用いて地域で支え合い、共同作業し、行事を行う、3)「家族」とのつながりという方式を用いて家族内では思いやり、役割を与え、暮らし方を伝承する、という行為と方式である。これを前提として下から二段目には、4)ものを生産し、5)使用し、6)物質の循環や負担も循環するという行為を配置した。下から三段目には、それらの行為を行う上での方式、すなわち7)商売、8)外の世界と触れ合い、9)極み・成長、10)五感を配置し、最上段ではその結果として実現する11)「楽しみ」、12)「感謝」という暮らしのゴールを配置した。これにより、最上位の概念を実現するために、それ以下に並ぶ、行為や方式

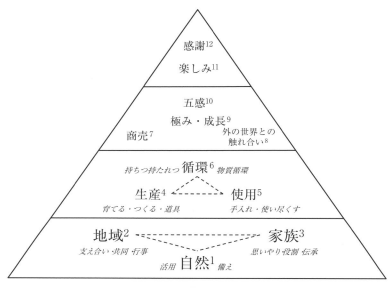

図1-2　戦前の暮らしの概念構造

を実行するという44の価値の構造を明示化することができた。すなわち、自然との共生のための在来知はこの構造を持ちながら、暮らしの中に存在していると考えられる。

　ここで、最下段と下から二段目は戦後大きく変化した部分である。特に、最下段の自然とのつながりを利用した自然の活用や自然災害への備えは、自然の猛威が戦後弱まり、科学技術の利用が進展し、便利な物が導入されたことにより、日本において必要性が弱まった。個人が在来知を使う必要がなくなった。また、戦後、地域とのつながりを利用した支え合い、共同作業、行事などの頻度が減少してきた。これにより在来知は必要がなくなり失われていった。この結果、異常気象や自然環境の変化に合わせて暮らしを回復させる力である社会的レジリエンスは間違いなく劣化していると思われる。

　下から二段目についても今は自然資源ではなく化石燃料やエネルギーを用いているが、2050年に向けて温室効果ガス排出実質ゼロを目指す日本としては大転換が求められる。つまり、楽しみなど心の豊かさを得るためには、在

来知の基盤を立て直す必要がある。そして、それに必要な在来知をどのように復活させることができるのか、考えなければならない。

3　自然との関係構築と在来知の形成

　日本に残る味噌、漬物、餓死囲い、薪の保存などは、明らかに一冬越すための知恵や言い伝えではない。物によって保存期間は異なるが、数年間の保存が想定されている。耐え忍ぶというネガティブなものばかりでなく、美味しい味噌、漬物などが地域ごとに進化し、文化になっている。畳の誕生も自然環境の悪化が要因とされている。在来知の形成は、自然環境の悪化やそれに伴う飢饉を乗り越えるプロセスで起きている。社会的レジリエンスを高めるためにはどのように自然との関係を構築すれば良いのだろうか。

（1）環境変化と在来知の形成プロセス

　日本では紀元1世紀から7世紀まで寒冷期が続いた。7世紀から8世紀後半まで温暖になり、『続日本紀』などの文献の記載から、特に西日本に高温・乾燥が頻発したことがわかる。20世紀後半の現在の状態より高温であった。そのころ、干ばつ、飢饉、疫病が発生した。その少し前、6世紀末から8世紀にかけて巨大な木造の仏教建築、神社、宮廷・貴族の邸宅が建立され、植林せずに木材用の森林資源が伐採されていった。森林が持つ水源涵養機能がなくなり、さらに、畿内ではほぼ恒常的に水不足になった。この資源枯渇の時代の中で住居が森林資源を有効活用する工夫がなされ、板間を長持ちさせるための日本独自の文化である畳の誕生につながったと言われている。

　9世紀の平安時代に入っても温暖な気候は続き、干ばつ、飢饉、疫病は収まらず継続していった。1250年から1350年までの期間に世界的に巨大火山の噴火が続き、硫酸エアロゾルが成層圏に漂い続け、温暖期から寒冷期へ移行した。これは1300年イベントと呼ばれる。さらに、その後の冷夏、長雨、疫病、干ばつによる飢饉発生年（1481年〜1601年）を挙げると、1482年、1488

年、1494年、1501年、1503年、1511年、1514年、1517年、1518年、1525年、1530年、1535年、1536年、1539年、1544年、1557年、1558年、1561年、1566年、1573年、1582年、1584年、1595年、1601年となる。ここまで頻繁な飢饉は想像できるだろうか。江戸時代にもさらに大飢饉は続く。天明の飢饉は東北地方だけで30万人以上、天保の飢饉では東北地方で10万人が亡くなった。東北地方に餓死囲いという言葉に残るように、飢饉の経験が今の暮らしの言葉や暮らし方の知恵にも継承されている。

（2）飢饉を乗り越えるための保存食

　味噌や漬物などの食文化についても、飢饉の経験の影響を受けている。発酵とは、狭義には糖質が微生物によって無酸素的に分解されることを言うが、一般には、酵母・細菌などの微生物が、有機化合物を分解してアルコール・有機酸・炭酸ガスなどを生じる過程のことを言う。発酵を利用して製造した食品を発酵食品といい、漬け物、味噌、醤油、納豆、鮨、酒、ワイン、焼酎、酢などがある。味噌の最古の記録は701年の天武天皇の大宝律令の醤院と考えられている。日本最古の漢和辞典である「日本三代実録」（901年）に初めて「味噌」の文字が登場する。1695年「本朝食鑑」では、学問的な検証はないが、長年の経験、伝承で味噌は万能であることが記載されている。他にも、寺の保存食として伝えられている大徳寺納豆は中国から8世紀に伝えられた。7世紀から8世紀後半まで温暖になり、高温・乾燥が頻発したという事実と、保存食の広がりが重なっていることを踏まえると、自然環境の悪化により保存食に関する在来知が拡散した可能性がある。

　発酵食品は乳酸菌や酵母など微生物の働きを利用して酸味やアルコール、うま味などを醸成し、食べ物を美味しくするものである。米を蒸し、それに麹菌を繁殖させた「麹」は、もとの米と比べると栄養成分が高まり、それまで蒸米になかった微量成分が新たに約400成分も蓄積される。更に、麹菌は非常に優れた消化酵素も生産すると言われている。これら発酵食に関する在来知は、自然環境の変化に伴い、人々に襲いかかった飢饉に対応するために

形成された在来知であると共に、それらに付加価値が付与され、美味しさや味の多様性も生まれ、地域固有の食文化につながっているものと考えられる。地域の中でも、家庭によって漬物の味が異なることもある。人が簡単にアレンジでき、味の違いを引き出し、楽しめる要素があるからだろう。

　在来知は脅威も恵みも与える自然との関係を構築する中で形成されてきたのである。日常的に自然を活かし、自然資源を利用していた戦前の暮らしと比較し、自然との関係が遠ざかっている現在の社会ではどのように環境変化の備えになる在来知を形成できるのであろうか。

　一筋縄ではいかないが、過去の経験を参考にすれば、いくらか可能性は見えてくる。第一に、自然の脅威を逆に活かし、自然災害後の復興や新型コロナウイルスの影響を踏まえたアフターコロナのワークスタイルやライフスタイルを定着させる等のように、持続可能な社会へ転換するグリーンリカバリーを進めていく中で、将来の厳しい環境制約下で活かせる在来知を形成できるかもしれない。第二に、自然の恵みに着目し、例えば、発酵食文化を進展させていく中で、在来知を形成していくのも一案であろう。

4　地域との関係構築と在来知の形成

　自然との関係の構築に加え、社会的レジリエンスを高めるためには、地域にコミュニティの構築が必要である。戦前の暮らしの中には、コミュニティの維持に関する在来知がいくつも存在した。コミュニティは何もしなければ劣化していくことを意味している。

（1）コミュニティの維持に関する在来知

　戦前の暮らしの聞き取り調査の中で、人間関係を維持するための共通した在来知が存在した。持ちつ持たれつ、上下関係を大事にする、一期一会として接する、背中を押すといった在来知である。これは現在においても、制約が厳しい未来においても有効だと思われるものばかりであった。

持ちつ持たれつ

　戦前の暮らしでは、何かをGiveし続けるということが度々登場する。野菜が大量に収穫された時、魚が多く採れた時、近所の人にGiveするのである。この時、何か見返りを期待しているわけではない。これを持ちつ持たれつと言う。地方への移住者の話によると、地域の人に何かをGiveし続けることが信頼につながり、それがあるから忘れたころにTakeがあるという。それが地域に溶け込むコツだったという。一方、都市ではGive and Takeがほぼ同時に行われる意味合いで言われることが多くなっている。

上下関係を大事にする

　戦前の暮らしでは、銭湯が社交場だった。上の者が下の者に「背中をこすれ」と言い、下の者は上の者の背中を洗って流す。それだけではない。銭湯はその一日のことを振り返り、話をすることに意味があると言う。日常的に上下関係の社交場が存在することによって、何気なく入る銭湯は有意義な時間に変わるのである。話題はおそらく、小さい頃の遊び、蜘蛛をマッチ箱の中に入れて戦わせたこと、船の陰で友達と集まって遊んだこと、道具を入れる小屋の陰で遊んだこと等だったかもしれない。

一期一会として接する

　90歳前後の方への聞き取り調査では、最後にお別れする時「忘れていたことなのに思い出させてくれてありがとう。もし今日お会いしなかったら、死ぬまで思い出さなかったと思う。」「話を聞いてくれてありがとう」と感謝される。この2時間が一期一会であると認識しているからである。日常的な人との接点を大事にし、人との関係づくりを重視していたに違いない。

背中を押す

　戦前の暮らしでは、お嫁さんが村に入ってきた場合、おせっかいおばさんが井戸端会議に参加するようお嫁さんの背中を押してあげたという。入りに

くいからである。また、「醬油の貸し借りは簡単ではない」という話があった。醬油を借りに来た人がその人の幼少の頃から成長過程を知っており、その人の性格を熟知していたから、気持ちよく醬油を借りて帰ってもらうことができたという。いずれもコミュニティでは、相手の気持ちを汲み取り、自ら努力をして初めて維持されるということであろう。背中を押してあげる人たちはコミュニティのありたい姿をイメージできている。

（2）新たなコミュニティ構築の難しさ

　コミュニティの維持に関する在来知は、日常生活において活かされると共に、自然災害で何らかの社会の秩序が乱れた未来でも活かされる。地域の中でお互いが支え合い、社会を復活させる社会的レジリエンスを保持するのに必要であったと考えられる。

　自然から離れた生活をしている私たちは、便利な物に囲まれているため、コミュニティと個人を日常的につないでおくことの重要性を過小評価しており、危険な状態にある。コミュニティが劣化している中で、どのようにコミュニティの力で自然環境の猛威に対応するための在来知を形成できるのであろうか。結、講などといった仕組みにまで至ったのは、ルールを作らなければ、問題を起こすからに違いない。日本の地域ごとに「ゆい」「いいたば」「ゆいっこ」など呼び方が変化していることを鑑みれば、その仕組みの歴史は古い。未来の社会においても、コミュニティづくりがうまく行かなくなることを想定し、国あるいは自治体がこのような新たな仕組みを制定する必要があるかもしれない。

5　豊かな感性の役割

　社会的レジリエンスを考える上で、豊かな感性は重要な要素の一つである。豊かな感性と社会的レジリエンスがどのように関係しているのかすぐにつながらないと思われるが、自律的、自発的に脅威を与える自然に向かって豊か

さを求めに行くような関係を構築しなければ、自然の脅威に負けて離れてい
くことになる。また、戦前の暮らしのような密接な人間関係は現代人にとっ
ては面倒であり、ネガティブに捉えられる。これは戦前においてもそのよう
に受け止められていたようである。だからこそ、この豊かな感性は、自然か
ら受ける脅威やコミュニティから受ける嫌な思いを解消してきたと思われる。
小さなことに拘らない心の豊かさも重要な役割を果たしている。戦前の暮ら
しの聞き取り調査によると、自然との関係構築の中でいくつもの共通した感
性を持っていたことが確認されている。ここでは3つ紹介したい。

自然を愛でる

　山に囲まれた場所に住む人に、この地域で一番良い季節はいつですか、と
尋ねると、4月から5月だという。どのあたりですかと尋ねると、山が綺麗
ですよ、と。この家の向かいに山がある。「一雨降れば違うなあ」と感じる
そうだ。「葉がほころぶ」それが美しいというのである。これは90歳前後の
多くの方が共通して持つ豊かな感性である。この感性を身に着けることがで
きれば、自然に寄り添うことによって、心を豊かにすることができるのであ
ろう。

ネガティブなことの裏側にあるポジティブなことに気づく

　「干し柿をつるすのは手が痛くなるほど大変だったが、つるし終わった時
の綺麗な色が広がるのを見た時は安心した。」という話や「家の近くに桜の
木が無かったので、私にとってのお花見は春先にれんげの小さな花が咲き乱
れた時に丘の上からそれを眺めることだった」という話がある。ネガティブ
なことにとらわれず、ポジティブにとらえるスキルに長けている。

見えないものを感じる

　戦前の暮らしでは、真っ暗闇でも川の流れの音だけを聞いて、家までたど
り着くことができたと言う。豊かな感性を持っていれば、自然の中にいる生

き物の変化を楽しむことや、自然からの音、色、におい、肌感覚、味などを
サインとして捉えて生活に利用することができるのである。

　これらのスキルは、自然災害やそれに伴う何らかの社会の秩序が乱れた時
に、自然に向き合ってそれを回復させようとして身に着けてきたものと思わ
れる。しかし、現在、日本において自然とのつながりが、その人の幸せに影
響を及ぼさない状態にある。自然とつながりがある人ほど幸せであるとは限
らないのである。自然から幸せを生み出せない状態にある。しかし、先ほど
紹介した戦前の暮らしの聞き取り調査事例のように、明らかに戦前の人々は
自然から幸せを得ていたのである。自然災害を受けた中でも、自然に向き合
い、回復していく力、すなわち、社会的レジリエンスを高めるためには、幸
せを与えてくれる自然環境の確保に加え、それを感じて、幸せ度合を高める
ことができる豊かな感性を育むことが必要である。

6　在来知の活用と社会的レジリエンス―課題と展望―

（1）在来知の世界的なトレンド

　第二次世界大戦以降、世界的に家庭用に冷蔵庫、洗濯機、テレビ、エアコ
ン、電子レンジ、パソコン、携帯電話、インターネットなど便利な商品やサー
ビスが導入され、移動手段についてもバイク、車、電車、飛行機利用が普
及し、個人がコミュニティや自然から離れた暮らしに向かう大都市が広がっ
た（**図1-3**）。近年は、巨大な都市空間が先進国から新興国へ拡大し、新興
国では田舎から都会に人々が流入している。エネルギーや資源を大量に使用
し、環境負荷を与えることにより得られる暮らし方が先進国から新興国の都
市へと広がっている。その結果、新興国ではエネルギーや資源の消費と廃棄
が急増し、世界的に新たに環境問題が発生し始め、自然環境が悪化している。
同時に、自然やコミュニティから離れて生活する人が急増している。つまり、
世界的に社会的レジリエンスが劣化する方向に向かっている。

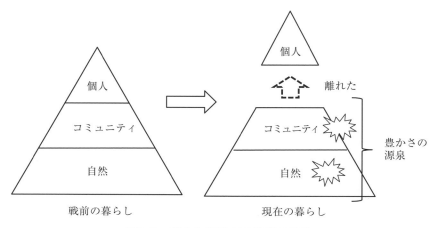

図1-3　個人と自然との関係の変化

　実際に、ロサンゼルス、インドネシアなど、先進国や途上国に同様に便利な物が導入される前の暮らしの聞き取り調査を行ってきたが、自然と共生するための在来知は存在していたが、それらは失われつつあることが明らかとなった。いくつか、在来知の事例を紹介したい。

〈米国・ロサンゼルス〉

　「ハリウッドヒルまでよく歩いて行った。レーサー・コースター（板に車輪をつけたもの）に乗り、ハリウッドヒルからサンセット通りまで滑って遊んでいたんだ。ハリウッドヒルにも当時は家が少なく交通量も少なかったしね。スケートボードが誕生する前に僕たちは1930年代から既に作っていたんだ。」

　このように、便利な物が登場する前は、歩く量も多く、また、自分で遊び道具を作っていたのである。

〈英国・ニューキャッスル〉

　「料理は美味しかったけど、シンプルだったわ。ケーキを焼いても、パウ

ンドケーキとかね。でもガスストーブが来るまでは全て火にかけて焼いていたの。お風呂はこれくらいの金属製の桶で、暖を取るために火の前に運んだの。大きな鍋を火にかけてよ。後にガスストーブを使うようになったけれど、その前は石炭の暖炉で温めたの。お湯を沸かして水を足してと繰り返していたら、用意するのに1時間はかかったわ。大変な作業だったから、お風呂は週一回だったのね。」

　このように、お風呂を沸かすのに時間がかかり、また、入浴の頻度も日本の山の中の不便なところに住む人々と同様である。

〈インドネシア・バンドン〉

　「当時、オーガニックのゴミを燃やして、それを肥料として使っていました。市場で果物を買って、その後ゴミは竹林に捨てました。竹林の竹は切って、小さく砕いて、灯りとして使いました。自分の買い物かばんは、自分で作り、洗って、再び買い物袋として使いました。家の庭にゴミ廃棄用の穴があり、ゴミを燃やして、穴にそれをどさっと捨てていました。穴は長さ1メートルで、深さ1メートルでした。その灰を集めて、1週間に1回、肥料として使っていました。」

　このように、かつては不便な生活をしており、その時に使っていた在来知は、現在は不要になっている。

（2）課題と展望

　本章の出発点に戻りたい。なぜ、私たちは自然環境の劣化を止めることができないのか。原因の一つに、これまでの環境問題対策の多くが部分最適化に留まっていることが挙げられる。暮らしの一部である自動車、家電製品などの部分的な物を最適にする技術的イノベーションだけでは解決が困難なのである。さらに全体最適な状態に向かうために、これまでの技術的イノベーションだけでなく、視点を変え、有限な資源を前提とし、商品やサービスの上位にある暮らしの最小単位であるライフスタイルのイノベーションを起こ

さなければならない。

　そして、持続可能なライフスタイルの基盤となる在来知が社会的レジリエンス強化に有効になる可能性がある。バックキャストを用いて将来予想される地球環境制約の下、ありたい姿を描くライフスタイルデザイン手法やその実現ための道筋や初動の導出方法の研究が行われてきたが、ここで、一つ目の提案であるが、デザインするライフスタイルは地域固有のものであるため、その地域固有の在来知を応用して新しいライフスタイルをデザインすることができれば社会的レジリエンス強化に有効になるに違いない。それにより、さらに新しいビジネスや商品・サービスが期待できる。しかし、在来知の効果の科学的検証は必要となる。

　二つ目に、自然が保有する低環境負荷な技術やしくみに学び、持続可能な暮らし方への技術利用を検討するネイチャー・テクノロジーという概念がある。これは在来知に近い概念であり、その地域に適応した生き物が持つ技術を科学的に証明した後に人間の世界で応用するという考え方である。在来知についても科学的検証を行うことで在来知とネイチャー・テクノロジーと科学技術の融合が実現可能となる。化石燃料を基盤としない脱炭素な新しい暮らし方が、起源が異なる知を融合させ、自然と共生した持続可能な社会の構築に近づくことができる。

　これらはいずれも、離れて存在している自然と暮らしをつなごうとする試みである。自然と共生した持続可能な社会の実現には、自然環境の変化に対応してきた暮らしに含まれる在来知を如何にして、未来の社会にカスタマイズし、地域住民と支え合い、自然と接しながら豊かな感性を育んでいくことができるかにかかっている。

おわりに

　本章で取り上げた90歳前後の方々が保有していた在来知は、恐らく10年後にはそのほとんどが失われる。90歳前後の方々が生み出した在来知もあると

思われるが、先祖から伝承されてきた在来知もある。これらは記録されていないものがほとんどであり、これまで生きてきた人を介して継承されているものである。地球環境の劣化のスピードが上がっているが、この在来知の劣化のスピードも同様に速い。未来のVUCA社会で活かせる可能性がある先人の試行錯誤の蓄積により得た在来知、制約の中で豊かさを与えてくれる在来知が簡単に失われようとしている。社会的レジリエンス強化のためには、早急に、総力を尽くして在来知を活かす方法を検討する必要がある。

参考文献

石田秀輝・古川柳蔵（2014）『地下資源文明から生命文明へ　人と地球を考えたあたらしいものつくりと暮らし方のか・た・ち―ネイチャー・テクノロジー―』東北大学出版会、pp.69-78

石田秀輝・古川柳蔵（2018）『正解のない難問を解決に導く？バックキャスト思考―21世紀型ビジネスに不可欠な発想法―』株式会社ワニ・プラス

小泉武夫編（2012）『発酵食品学』株式会社講談社、pp.322-323

田家康著（2013）『気候で読み解く日本の歴史』日本経済新聞出版社

古川柳蔵・佐藤哲（2012）『90歳ヒアリングのすすめ―日本人が大切にしたい暮らしの知恵をシェアしよう―』日経BP社

古川柳蔵・石田秀輝（2013）「バックキャスティングによるライフスタイル・デザイン手法とイノベーションの可能性」『高分子論文集』Vol.70、No.7、p.341-350

古川柳蔵（2015）「バックキャスティングによるライフスタイルデザインとその実践」『自動車技術』、Vol.69、No.1、pp.24-30

本田進一郎（2011）「農家が教える発酵食の知恵」『農文協』p.17

山崎あかねら（2013）「発酵食品を利用した食生活の工夫」『山口県立大学学術情報第 6 号[看護栄養学部紀要通巻第 6 号]』pp.13-17

渡邊敦光（2010）「お味噌の効能」『醸協』第105巻、第11号、pp.714-723

第2章

宮城県南三陸町入谷地区の自助・共助にみる在来知
―東日本大震災時の被災者支援活動を例として―

島田 和久

1　はじめに

　2011年3月11日に発生した東日本大震災（以下、「震災」という。）で津波被害を受けた多くの市町村では、行政機能が麻痺し、震災発生当初に被災地住民への公的支援は困難を極めた。宮城県南三陸町の山間に位置する人口1,898名の入谷地区は、壊滅的な津波被害を受けた沿岸部に隣接しながらも当該地区の大部分は被害を免れ、震災発生直後より住民が主導して大規模な被災者支援活動がなされた。特に、この地区が震災当初から10日間にわたって実施した毎日4,000個のおにぎりの炊き出しは特筆に値する。停電と断水が発生し、沿岸部側は一面がれきで覆われている状況のなか、自らの生活の継続にも不安を抱えながらの被災者支援活動であった。

　この地区の多くの家では農作物を栽培しており、米や野菜の備蓄の習慣がある。また、地区内では沢水や井戸水（天然水）が豊富に得られるため、古くからこれらの水源を日常生活に利用してきた。町営水道が提供されている現在でも、この地区では天然水を日常的に併用している。ガス・石油・電気が熱源として利用されるようになって以降も、薪や炭を併用している家も少なくない。また、入谷地区は森林が多く、森林火災発生時には地区内で助け

Key Word: 自助、共助、代替手段、自然資本、在来知、多様な主体との連携

合って消火活動と炊き出しをする習慣が現在に至るまで継承されている。

　本章では、調査地域の住民に受け継がれてきたこれらの習慣が、震災時の被災者支援活動にどのように生かされたのか、その関連性を論じていく。

2　分析の視点

　震災では、公的機関に加えて、企業・団体・個人など多様な主体からの支援が被災地に向けられた。支援は、近隣の県・市町村のみならず、国内外から広く行われた。支援の内容は、救援活動、がれき撤去、道路の仮復旧、物資の提供、避難所運営、炊き出しなど多岐にわたった。

　震災後に発行された『H26年版　防災白書』において、政府は大規模災害初期における公助の限界を明示し、自助・共助の促進を国民に求めた（内閣府　2016）。同白書では、津波避難行動、避難所運営、物資支援など、震災発生時の地域住民の声がけ・助け合いの事例を紹介し、その重要性を強調している。

　筆者の予備調査からも、震災発生時、三陸沿岸では多くの地域で住民の自助・共助が行われていたことがわかった。しかし、この点についての学術的な調査・分析は十分とはいえない。そのなかにあって、日本防火協会（2012）は、被災地域での婦人（女性）防火クラブ（地域自主防災組織）の支援活動状況を調査し、住民間の日常的な助け合いや交流、および、定期的に実施される炊き出し訓練が震災時の素早い支援活動につながったと分析している。また、麦倉ら（2013）は岩手県大槌町内すべての避難所（43か所）での共助の調査を行った。そして、地域住民の避難所運営のなかの助け合い文化は、自然と住民とが共生するなかで育まれた地域固有のものであると分析した。

　一方、深町ら（2020）は、岩手県内（釜石市、大船渡市、陸前高田市）において津波被害を受けていない住宅を対象として、震災直後にどのような生活ができたかを調査した。そして、自宅の井戸水・沢水の利用、薪や炭の利用、さらに食料の備蓄という、里山・里海ライフスタイルを日常的に送って

いたことが震災時の生活の維持（自助）につながったことを明らかにした。前出の麦倉ら（2013）では、震災直後から停電・断水に見舞われるなか、沢水や薪ストーブなど地域で得られる自然資本が避難所運営に役立ったことも指摘されている。

　本調査地の南三陸町入谷地区では、地区の入谷公民館を拠点として大規模な被災者支援活動が行われた。地区住民たちが主導したこの支援活動は、入谷地区内の2つの指定避難所に加えて、隣接する志津川地区の複数の避難所へも向けられた。

　この支援活動から見えてきたことは、代替の水源や熱源、食料備蓄があったことで支援側住民自らの生活を維持できたこと（自助）、そして、これらの水源・熱源、食料備蓄を提供して被災者支援を行ったこと（共助）である（図2-1）。

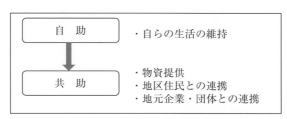

図2-1　調査地における自助と共助の関係

　そこで、本章では、「自助が共助を可能にする（促進する）」という視点に立って議論をする。

　加えて、大規模な炊き出しを震災当日から10日間も継続できた背景には地元企業・団体による白米提供の支援があったこともわかった。そこで、「共助の継続には多様な主体との連携が必要」という視点も合わせて議論をする。

　自助・共助がどのような条件（背景）で実現したのか、また、地元企業・団体が入谷地区の支援を引き受けた背景は何か、上の2つの視点をもとにして以下の事例を分析していく。

3　調査地の概要

（1）調査地について

　調査地は、宮城県本吉郡南三陸町入谷地区である（**図2-2**）。南三陸町は、志津川地区、入谷地区、戸倉地区、歌津地区より構成される[(1)]。入谷地区の東側には志津川地区が、南側には戸倉地区が隣接する。志津川地区と戸倉地区は志津川湾に面しており、ともに巨大な津波に襲われて甚大な被害を受けた。一方、入谷地区は山間部に位置し海には面していない（**写真2-1**）。

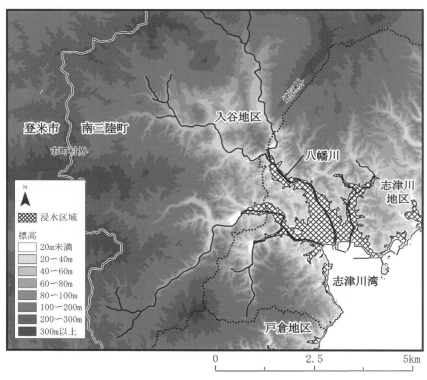

図2-2　調査地域概略図（南三陸町入谷地区）

　入谷地区の西縁は登米市と、北縁は気仙沼市と、東側は歌津地区と接する。西縁と北縁の市町境界はいずれも分水嶺となっており、入谷地区側に端を発する水系はすべて志津川湾に注いでいる。入谷地区はその源流にあたり、沢水や井戸水といった天然の水源に恵まれている。これを利用して古くから農業が盛んであり[2]、現在でも日常生活において沢水や井戸水を利用している。

写真2-1　南三陸入谷地区（正面は神行堂山：標高458m）

　地区人口は震災直前の2011年2月末時点（震災前月末）において1,898名（518世帯）である。当該地区は10行政区（入谷1区〜入谷10区）によって構成され、各行政区では区長を中心とした自治活動がなされている。10名の行政区長で区長会を構成し、そのなかから区長会会長が選出される[3]。各行政区は複数の班によって構成され、各班は班長を中心として活動している。

（2）調査地域の被災者受入状況

　表2-1には、南三陸町の地区ごとの避難者数（2011年3月18日時点）を示す。前述のように入谷地区は町内他地区（志津川地区、戸倉地区、歌津地区）に比較すると津波被害が少なかったため、表2-1に示された938名の入谷地区の避難者数はほとんどが地区外

表 2-1　南三陸町内各地区での避難者数
（2011 年 3 月 18 日時点）

地区名	地区人口	避難者数
志津川	8,213	4,973
戸倉	2,411	930
入谷	1,898	938
歌津	5,144	2,115

データ提供：南三陸町役場

（主に志津川地区）から避難して来た人々と推定できる。したがって、入谷地区人口は震災当時、平時の約1.5倍に膨れ上がっていたことになる。

（3）調査方法

　調査は、聞き取り調査と現地調査を行った。聞き取り調査の対象者は**表2-2**に示すとおり、入谷地区在住者として行政区長8名、行政区役員（班長）2名である（役職はいずれも当時のもの）。聞き取りは1名あたり1時間程度とし、質問項目は被災者支援という視点から**図2-3**に示す3項目を中心とした半構造化にて実施した。必要に応じて質問項目に関連する内容についても聞き取りを行った。

　聞き取り対象者のなかには震災発生時の様子を文書に記録している人もあり、その記録や公的文書を適宜参考にしながら聞き取り内容との事実関係の整合を図るようにした。現地調査では、聞き取り調査内容に基づいて現地での確認等を行った。

表2-2　聞き取り調査対象者（入谷地区在住者）

対象者	人数
入谷地区行政区長	8名
入谷地区行政区班長	2名

・自らの生活の維持
・物質の提供と炊き出し
・住民間および企業・団体との連携

図2-3　聞き取り対象者への質問事項

表2-3　聞き取り調査対象者（入谷地区住民以外）

対象者	人数
入谷公民館職員	2名
入谷小学校避難所職員	1名
志津川小学校避難所職員	1名
志津川地区（旭ヶ丘）班長	1名
山形県庄内町職員	2名
地元企業社長・社員	3名
JA南三陸職員	1名

　また、**表2-3**に示すように、この支援活動に関係する人々にも聞き取り調査を実施した。調査内容は、当時の入谷地区住民の被災者支援の様子についてである。対象者は入谷公民館職員2名、南三陸町職員（入谷小学校避難所運営）1名、南三陸町職員（志津川小学校避難所運営）1名、志津川地区旭ヶ丘自治会役員（班長）1名、山形県庄内町職員2名（南三陸町の友好町として3月13日（震災の2日後）に入谷公民館に支援物資を届けに来た）、さらに隣接する登米市の企業（地元企業）の社長およびその社員2名、南三陸農業協同組合（JA南三陸）職員1名である（役職はいずれも当時のもの）。

4　住民による被災者支援活動

（1）物資の提供と炊き出し

写真2-2　入谷公民館（左側の建物）

　3月11日午後2時46分の地震（マグニチュード9.0）発生後、入谷地区の行政区長たちは自主的に入谷公民館に集ってきた（**写真2-2**）。

　そこで緊急の行政区長会が開催され、入谷地区全体で被災者支援を行うことに決定した。支援内容は、行政区ごとに設置されている生活センター（集会所）でおにぎりの炊き出しを行うことと、各家庭から支援物資（毛布・米など）の提供を募ることであった。おにぎりと支援物資は入谷公民館に届けることとした。震災で町内全域が停電と断水になったが、各生活センターには、地域の行事の際に使う3升炊きのプロパンガス炊飯器とガスボンベが配備されていたので炊き出しに支障はなかった。各生活センターでの炊き出しには地域の女性3～5名が毎日交代で従事し、出来上がったおにぎりは地域の男性が入谷公民館に届けた。

　入谷地区では、昔から山林火災が発生すると両隣の行政区住民が自主的に物資（主に米）を持ち寄って炊き出しを行い、消火活動に従事する地元消防団や被災住民におにぎりを提供するという習慣があった。このため、住民たちは「今回も（炊き出しを）するのが当たり前と思っていた」と語った。

　入谷公民館には、震災直後から津波でずぶ濡れになった人々が志津川地区より徒歩で到着し、夕方にはその数は50名ほどに達した。入谷地区の住民が炊き出したおにぎりは、当日午後5時頃には入谷公民館にいる被災者に十分にいきわたる数となった。

　入谷行政区長会は、入谷公民館にて12日より午前と午後に定例会議を開催

することとした。会議では毎回、南三陸町災害対策本部（志津川地区にある南三陸町スポーツ交流村、通称ベイサイドアリーナ）で得た最新情報を共有し、入谷地区の被災者支援策に反映させた（情報は、入谷地区の区長らが毎日、災害対策本部に赴いて得てきた）。また、炊き出しについて10行政区でそれぞれ200個のおにぎりを毎日２回（午前・午後）作ることを決め、合計で4,000個のおにぎりを毎日、入谷公民館に持ち寄ることにした。

　おにぎりは、公平性を保つためにできるだけ１合につき２個作るようにしていたとのことであり、これから推定すると毎日約2,000合（白米で約300kg相当）分の白米を使ったことになる。炊き出しは３月11日夕方から３月20日まで続けられたので、2.7ｔあまりの白米を炊き出しに使用したといえる。前述のように入谷地区には米の備蓄のある家が多かったので、震災当初から自宅の米を被災者支援に提供することができた。

　また、地区住民のなかには、「水あります」という看板を立てて自宅の井戸水や沢水を一般に開放した家もあり、地区内に加えて志津川地区の避難所などからも水を汲みに来た。

（２）住民間および支援団体との連携

　各行政区から入谷公民館に集められたおにぎりは、入谷地区内の２つの避難所（入谷公民館、入谷小学校）に配給されるとともに、志津川地区の避難所（志津川小学校、志津川中学校、志津川高校）にも届けられた。志津川小学校に最初のおにぎりが届けられたのは翌日の12日であった（志津川小学校避難所自治会記録保存プロジェクト実行委員会　2017）。震災発生から一週間ほどの期間は、町外からの支援物資は入谷公民館前に降ろされ、志津川地区や歌津地区へと配給された。この支援物資の搬送は、炊き出しとともに入谷地区住民と入谷公民館職員（毎日合計４名程度）によって担われたという。

　連日の大規模な炊き出しのため、３月13日には入谷地区住民の提供した米が底をつき始め、行政区長会の定例会議で方策が検討された。入谷公民館に隣接するJA南三陸の保管倉庫には玄米が大量に保管されていたことが判明。

定例会議に住民として参加していた当時のJA南三陸職員がこの玄米の提供に糸口を付け、3月13日に南三陸町長よりJA南三陸にあてて正式な要請がなされた。これにより、玄米600袋（1.8 t）が入谷地区へ提供されることになった。

写真2-3　地元企業による精米の様子（写真提供：㈱只野組）

　しかし、当時、入谷地区は停電していたため、精米機を稼働させることが難しかった。この状況を聞いた地元企業（㈱只野組　本社：登米市）が精米作業を引き受けた。震災前から南三陸町入谷地区で三陸自動車道の建設工事を請け負っており、震災当日はこの会社の現場従業員が工事に従事していた。従業員から南三陸町の惨状を聞いた社長は南三陸町への災害支援を決定し、13日に支援物資（白米40kg、水1 t など）を入谷公民館に搬入した。その際に、JA南三陸より提供された600袋の玄米の精米作業に困っていることを知り、会社が所有する精米機で精米することを引き受けた[4]。そして、3月13日から15日までの3日間、毎日100袋（300kg）ずつ、合計300袋（900kg）の玄米を入谷地区から持ち出して登米市に所有する精米所で精米し、翌日に届けるという支援を行った（**写真2-3**）。精米は会社の従業員4名が終日従事した。

　登米市も当時は停電していたため、会社が保有する大型発電機で精米機を稼働させたという。このようにして、入谷地区では新たに大量の白米を入手することができ、炊き出しを継続することができた。その後はパンなどに加えて白米も支援物資として町外から大量に届くようになっていった。

5 被災者支援活動に見る自助と共助

（1）自助について

　断水と停電が発生し、入谷地区住民は被災者支援を行うかたわらで自らの生活を維持する必要に迫られた。以下では、自助に必要となった代替水源、代替熱源、そして食糧備蓄についての調査結果を検討する。

①代替水源

　この地区では町営水道に加えて井戸を所有している家や[5]、近隣の数軒と共同で近くの沢から水を引いている家が多くあった。

　井戸水や沢水がどのくらいの世帯で利用されているかの公的データはないが、聞き取り調査対象の10名のうち6名が沢水を、5名が井戸水を利用していた（重複あり）[6]。表2-4に示すように、停電で電動モータが作動せず井戸水を利用できなかった人が1名いた（回答者C氏）が、残りの9名は井戸水ある

表2-4　代替水源の利用

	井戸水	沢水	他地域へ提供
A	○	−	−
B	○	−	−
C	×	−	−
D	○	○	○
E	○	○	○
F	○	○	○
G	−	○	○
H	○	○	○
I	○	−	○
J	−	○	−

×：使用不可　　A〜Jは回答者

いは沢水を利用できた。その9名のうちの6名は隣接する志津川地区住民にも水を提供した。

②代替熱源

　入谷地区では、震災前から多くの家庭がプロパンガスを炊事に利用してきた。このため、自宅のガスボンベにガスが残存する限りは炊事を行うことができた。また、かまどや薪ストーブを炊事に利用した家庭もある。調査対象の10名全員がプロパンガス利用で、うち6名がかまどや薪ストーブも保有しており、その6名すべてが震災時にかまどや薪ストーブを併用した（**表**

2-5）。

　かまどや薪ストーブを所有する人は平常時からプロパンガスと併用して使用していたため、震災当時も自宅に大量の薪が保管されていた。

　暖房用の代替熱源は、薪ストーブ利用が2名、炭のこたつ利用が4名、反射型石油ストーブが3名、発電機を使った電気暖房器具利用が1名であった（**表2-6**）[7][8]。

③食料備蓄

　調査対象の10名中8名は米の備蓄が十分にあったため、震災当初は被災者支援に自宅の備蓄米を提供することができた。当時、畑には根菜類や白菜などが残されていた家も多く、震災発生時点では家族が当座をしのぐ食料は確保されていた。

④被災者の自宅受け入れ

　入谷地区内では2つの指定避難所（入谷公民館、入谷小学校）に加えて各家庭で被災者を受け入れた（**表2-7**）。地区内の2つの避難所に比べて地区住民宅で受け入れた被災者の方が多かった[9]。これは各家庭で自助ができ、被災者を受け入れる余裕があったことの表れといえる。

（2）共助について

　大規模な炊き出しを実施するには住民間の共助が最も重要であったが、そ

表2-5　炊事用代替熱源の保有状況

保有	保有なし
6	4

データ数：10

表2-6　暖房用代替熱源の保有状況

	薪	木炭	その他
A	−	○	−
B	−	−	G
C	−	−	−
D	−	○	−
E	−	○	ス
F	○	−	−
G	−	−	ス
H	−	−	ス
I	−	○	−
J	○	−	−

G：発電機　ス：石油ストーブ
A〜Jは回答者

表2-7　入谷地区被災者の受入数

避難場所	避難者数
入谷地区民家	518
入谷小学校	350
入谷公民館	70
合計	938

データ提供：南三陸町役場

れを継続できた背景にはJA南三陸や地元企業からの支援があったことが今回の調査で明らかになった。以下では、共助を可能とした項目を「地域への愛着」、「企業・団体の地域貢献」の2点から検討する。

①地域への愛着

　3月11日午後2時46分の地震後、入谷公民館で開催された行政区長会議において、「今、自分たち（入谷の住民）が頑張らないと南三陸町は守れない」との発言があり、皆がそれに賛同して被災者支援活動が決まったという。当時の入谷公民館長は、「入谷地区の人たちは、そこまでやってくれるかと思うぐらい（被災者支援活動に）動いてくれた」と振り返る。全国各地から届けられた支援物資が入谷公民館前に降ろされ、隣接するJA南三陸の保管倉庫に一時保管された。この物資の搬入・搬出作業は毎日、地元住民のボランティア（毎日3名程度）によって担われた（**写真2-4**）。そのなかの1人は、「南三陸町がこんなに大変な時だから、せめて自分が何かで役に立てればと思って参加した」と話す。

　これらの言葉の中には地域住民の南三陸町に対する強い愛着が感じられ、これが今回の共助の原動力になったことがうかがえる。住民への聞き取り調査の中で、共助のためには住民同士がお互いを知るためにも日常的なコミュニケーションが重要である、という意見が複数聞かれた。入谷公民館職員は、共助の精神を支えている背景について、「入谷地区は日ごろから様々な行事を通じて住民同士が知り合いになっており、そのことが震災時の統制のとれた支援活動につながったのではないか」と指摘しており、日頃からの住民間の意思疎通が地域への愛着を強

写真2-4　JA倉庫に支援物資を搬入する地域住民（写真提供：㈱只野組）

固にしたといえる。

②企業・団体の地域貢献

　JA南三陸の幹部職員によると、震災直後、JA南三陸は地域支援を何より
も優先することとし、その一環として倉庫に販売用に保有していた玄米の提
供を急遽決定したという。

　また、精米作業を担った地元企業では、会社が請け負っている三陸自動車
道の建設工事の現場で南三陸町在住の職人が多く働いており、そのことから、
南三陸町への支援を決めたという。

　このように、2つの企業・団体は地域貢献として被災者支援活動を行った。

6　考察：住民主導の被災者支援活動を可能としたもの

　ここでは、第2節で提示した2つの視点について**図2-4**を用いて論じてい
く。

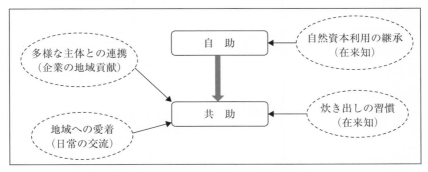

図2-4　自助と共助を可能とした背景

　まず、「自助が共助を可能にする（促進する）」点である。南三陸町内では
震災直後より停電と断水に見舞われた。これまで見てきたように、入谷地区
住民の多くは、代替水源（沢水、井戸水）や、代替熱源（薪、炭）を使用す

ることができた。また、自宅には食料の備蓄があったため、不便な中ではあったが生活を維持することができた。このことが、自らの労力と食料備蓄を被災者のために提供し、炊き出しを実施することにつながったといえる。避難所への支援活動に加えて、自宅に被災者（主に親戚・知人）を受け入れた家庭が多くあったこと、自宅の水を一般に開放した家があったことはさきに述べたとおりである。これらの事例からわかることは、自助ができたことで共助に継続的に参加することができたことである。

　次に、「共助の継続には多様な主体との連携が必要」という点について考察を加える。今回のような大災害の事例では、入谷地区において自助のために備えていた食料だけでは限界があるということが明らかになった。玄米1.8ｔを提供したJA南三陸、およびその大量の玄米の精米作業を引き受けた地元企業という２つの組織の支援を受けたことで、支援活動（共助）が継続できた。

　入谷地区では自助にも共助にも在来知が使われた。一つ目は地域の自然資本の利用である。入谷地区では天然水が日常生活で利用されていたため、震災発生後の公共水道の断水にあってもそのまま使えた。また、この地区は森林が多く、地域資源としての薪や炭が暖房や炊事の熱源として永らく使われてきた。地区住民は、電気・ガス・石油による熱源が普及した後もこれらを継続して利用しており、震災で停電になった後はそのまま電気利用の熱源の代替として利用できた。

　自助と共助に使われた在来知の二つ目は炊き出しの習慣である。入谷地区では山林火災などが発生すると伝統的に行政区単位で消火活動と炊き出しを行ってきたため、住民たちは震災時にも当然のこととして炊き出しを開始した。

　この２つの在来知があいまって住民たちは共助を素早くかつ大規模に開始することができた。このことは、地域の自然資本を利用した代替手段を保有することの重要性と、被災者支援を行う手順を日頃から身につけることの重要性を示している。

7　在来知の活用と社会的レジリエンス―課題と展望―

　本章では、在来知によって自助と共助が実現し、被災者支援活動を大規模に実施することができた点を明らかにした。もし、自然資本を活用した生活がなかったら、入谷地区住民は自らの生活を維持することに精一杯で、被災者に労力を割いたり、自宅の水や食料を提供したりすることができなかったであろう。また、これまでに炊き出しの経験がなかったら、炊き出しが開始されるまでに時間がかかってしまい、当日の夕方に入谷地区の避難所に十分な数のおにぎりを届けられなかったであろう。

　この地域で育まれ継承されてきた知恵や習慣を活用したことが、入谷地区住民による被災者支援活動を可能にし、それによって空腹と不安を和らげられた多くの被災者がいたことであろう。入谷地区に継承されてきた生活の知恵（在来知）によって震災当時のこの地区のレジリエンス（強靭性）は高かったといえる。

　しかしながら、都市化・効率化・集中化の趨勢のなかで、農村部ですら、分散型・多重型の生活様式を維持・継続することが難しくなってきている。入谷地区も例外ではなく、**表2-4**および**表2-6**で分析した回答者Ｃ氏の場合、公共水道と電気を利用した暮らしが震災時に自宅での生活の継続を困難にし、避難所生活を余儀なくされた。現在の私たちにとってごく普通の暮らし方が、震災時にはいかに脆弱であったかということが本章の分析の中から明らかになった。

　私たちが暮らす日本は大規模な自然災害に頻繁に見舞われてきた。そのことを鑑みると、様々な機能を分散化・多重化させておくことが被害を低減させることにつながるのではないか。自然資本の活用という３点から人々の住まい方も分散化することが重要なのではないか。

　調査地の入谷地区で聞き取りをするなかで、若い世代が仕事を求めて都市部へ出て行ってしまうため、地域に継承されてきた知恵や経験を世代間で伝

承できなくなっているという懸念の声が多くあった。これが今後、非常時の共助の実現に大きな障害となる可能性が予測される。

　今回の調査では、被災者支援を継続させるためには企業などの組織力も大切な要因であることもわかった。震災は、地域コミュニティが共助を実施するにはあまりにも甚大な被害を引き起こした。JA南三陸や地元企業との連携によって入谷地区の共助の不足を補い、被災者支援を継続することができた。したがって、地域コミュニティが地元の企業・団体などと多面的に連携する仕組みを作っておくことが災害時の共助を実現するためには重要といえる。

　以上みてきたように、入谷地区の住民主導の支援活動は様々な条件が重なって実現できたことがわかった。そして、この事例は、大規模災害時に自助・共助によってできることと、できないことを明らかにした。

　震災のような大規模災害に向けて地域レジリエンスを高めるためには、分散化・多重化のライフスタイルが非常に重要であることが本章の事例研究で明らかとなった。加えて、地域コミュニティでは、住民間の意思疎通および、被災者支援の経験の重要性、さらには地元の企業・団体との連携の重要性も明らかとなった。

　災害が発生するたびに、私たちは備蓄の大切さ、助け合いの大切さを痛感してきた。しかし、それは時間の経過とともに薄れてしまってはいなかったであろうか。来たる自然災害に対してレジリエントな地域・国家を作るには、震災の経験や教訓を「確実に」将来に伝えていくことが求められる。

謝辞

　本研究の調査においては、南三陸町入谷地区行政区長会元会長の西城新市さんをはじめ、地域の多くの方々に大変お世話になりました。お名前をすべて記すことは叶いませんが、本紙面にて厚く御礼申し上げます。

　また、**図2-2**の作成にあたっては、庄子元氏（青森中央学院大学）に多大なるご協力をいただきました。ここに感謝の意を表します。

　この研究は、人間文化研究機構広領域連携型基幹研究プロジェクト『「日本列島における地域社会変貌・災害からの地域文化の再構築」地球研ユニット：災害にレジリエントな環境保全型地域社会の創生』、および、総合地球環境学研究所実践プログラム１「人口減少時代における気候変動適応としての生態系を活用した防災減災（Eco-DRR）の評価と社会実装」から研究費の助成を受けて実施されました。

注

（１）1955（昭和30）年の町村合併によって、志津川町（現在の南三陸町志津川地区）、戸倉村（現在の南三陸町戸倉地区）、入谷村（現在の南三陸町入谷地区）が合併して志津川町となった。その後、志津川町は、2005（平成17）年に歌津町と合併して南三陸町となった。

（２）入谷地区の44.7％の世帯が農作物を栽培している。農家数は「グリーンウエーブ入谷構想促進委員会」資料に基づく。（http://www.maff.go.jp/tohoku/nouson/murazukuri/file/pdf/h22zirei-6.pdf, 2020年11月９日閲覧）

（３）行政区長は南三陸町の事務事業に関する情報伝達、町民の意見収集を行うために町長より委嘱される。しかし、震災当時は、南三陸町役場が甚大な被害を受け混乱のなか、行政区長の行動は公務というよりは入谷地区の住民としての行動であったということができる。

（４）㈱只野組は建設業を中心として、運送業、建設資材販売、米買取・販売、精米所経営、ガソリンスタンド、福祉事業などを手掛けている。

（５）調査対象者の中には、400年ほど前に掘削した井戸を使用している事例もあった。現在は蓋をして電動モータで汲み上げているが、震災直後には停電のため、縄を取り付けたバケツを地下水面まで落として手動で汲み上げた。その後、発電機を借用することができ、電動モータによる汲み上げで利用した。

（６）震災発生直後に南三陸町で実施した臨時の井戸水水質検査によると、入谷地区の101世帯から検査依頼があったことが記録されている。したがって、震災発生直後には、地区518世帯のうちの少なくとも101世帯の井戸が生活目的で利用された可能性がある。

（７）薪風呂を有する家もあり、風呂を近隣住民に開放したケースもあった（10名中２名）。

（８）なお、回答者Ｃ氏は、代替水源利用なし（**表2-4**）、代替熱源利用なし（**表2-6**）となったことから、震災当日から入谷公民館避難所で生活した。

（９）調査によると、住民宅へ受け入れた被災者の多くは親戚・知人であった。

参考文献

京大・NTTリジリエンス共同研究グループ（2012）『しなやかな社会への試練　東
　　日本大震災を乗り越える』日経BPコンサルティング

志津川小学校避難所自治会記録保存プロジェクト実行委員会（2017）『南三陸発！
　　志津川小学校避難所―59日間の物語〜未来へのメッセージ〜』明石書店

島田和久（2019）「宮城県南三陸町入谷地区における東日本大震災発生直後の地域
　　住民による被災者支援活動」『地域安全学会　東日本大震災特別論文集　No.8
　　（2019.8）』、pp.7-10

島田和久（2020）「自然資本を利用した暮らしと災害（一）宮城県南三陸町入谷地区」
　　深町加津枝・島田和久編『レジリエントな地域社会―自然に寄り添う暮らしの
　　実現に向けて』総合地球環境学研究所、pp.20-29

内閣府（2016）『H26年版　防災白書』

日本防火協会（2012）『東日本大震災と婦人（女性）防火クラブ―被災地のクラブ
　　員が語る被災体験と活動の記録―』、日本防火協会

深町加津枝・大崎理沙（2020）「三陸海岸における里山・里海ライフスタイルの被
　　災時危機適応力」深町加津枝・島田和久編『レジリエントな地域社会―自然に
　　寄り添う暮らしの実現に向けて』総合地球環境学研究所、pp.4-19

麦倉哲・飯坂正弘・梶原昌吾・飯塚薫（2013）「東日本大震災被災地域にみられた
　　救援・助け合いの文化:岩手県大槌町避難所運営リーダーへのインタビュー調査
　　から」『岩手大学教育学部附属教育実践総合センター研究紀要』No.12、pp.15-18

第3章

社会的レジリエンスとしての物々交換
—ナミビア農牧社会における気象災害時の食糧獲得—

藤岡 悠一郎・庄子　元

1　はじめに

　地球規模の温暖化が進行する中で、世界の気候は過去数十年にみられる平均的な変化から大きな揺らぎを示すようになり、極端気象イベントの発生が増えている（Stocker et al. 2013）。その影響や災害の生じ方は地域によって差異があり、地域住民の食糧安全保障を脅かす一因であることが指摘されている（Boko et al. 2007）。その顕著な例の一つは、乾燥・半乾燥地域である。こうした地域では、もともと降雨の不確実性が高く、洪水や干ばつなどの極端気象が常態的に発生する。2000年代半ば以降には、アフリカの半乾燥地域では局地的な豪雨による大雨洪水災害の発生が目立ち、降水量の年較差が増大する傾向にある（Bhattacharjee et al. 2011）。本章の事例地域が含まれる南部アフリカのナミビア共和国（以下、ナミビア）北部とその隣接国にかけても、2007/08年、2008/09年、2010/11年に大規模な大雨洪水災害が発生している（門村 2011）。また、IPCCの報告によると、近年では雨季の間の乾燥期間であるドライスペル（dry spell）が長期化する傾向が指摘されており、農業に深刻な影響を及ぼしている。

　毎年の降水量は自然条件で決まるものであるが、極端気象イベントの発生

Key Word: 気象災害、食糧獲得手段、生業、半乾燥地、アフリカ

が災害に結びつくか否かは、社会経済条件にも大きく左右される。植民地支配や政情不安などによって社会環境が大きく変化すると極端気象は深刻な飢饉に結びつき、災害となる。特に、アフリカでは19世紀後半から20世紀半ばまで続いた植民地支配の際に社会の仕組みや生業構造が破壊され、災害に対する脆弱性が増大した。他方、気候変動による影響やその対応策が語られる際、影響の深刻さや対応の必要性を過度に強調するあまり、当該地域に暮らす人々の在来の生活様式や災害に対する取り組みなどを無視した議論がなされ、それがステレオタイプ化していく傾向がみられる。その顕著な例がアフリカである。気候変動のみならず、農業や資源利用、農村開発や環境保全などの文脈においても、アフリカでの人々の営みがステレオタイプ化され、教条的に語られてきた（重田 2016）。その一つの視点が、アフリカは気候変動による食糧安全保障の点で最も脆弱な地域である（e.g. Dinar et al. 2008）という指摘である。その理由として、インフラや市場が未発達であり、国の経済成長が緩慢あるいは減退傾向であり、気象災害に強く影響を受ける自給的な生業を営む人が多く、災害発生後の早期の回復が望みにくいということが往々にして挙げられる。これを仮に、"アフリカ脆弱論"とよぶ。やっかいなことに、アフリカ脆弱論は、開発や人道支援としての介入を希望する国々や国際援助団体などによって、介入を正当化するツールとして活用されるとともに、経済的な援助や技術支援を引き出そうとするアフリカ諸国の政府によっても利用されてきた。公助の観点からみれば、アフリカの多くの国々や遠隔地に必要な支援が届いていないことは事実であり、外部者による適切な支援のあり方を検討することが急務であることは間違いない。しかしながら、アフリカ脆弱論はアフリカの諸社会が発達させてきた共助のシステムや各世帯・個人による自助の営みを覆い隠し、外部からの支援に過度に依存する体制を強化させかねない。アフリカにおける気候変動の影響や対応策を考えるためには、気候変動が人々の生活にどのような影響を与え、都市化やグローバル経済の浸透などの社会経済要因といかに結びついているのか、そして人々は変化にどう対処し、何を必要としているのかを地域ごとに検討してい

くアプローチが必要であろう。

　ある種の攪乱発生後の「回復力」、「強靭さ」などを指す概念として、レジリエンス（resilience）の言葉が用いられる。当初、Holling（1973）によって生態系システムを持続させる機能として注目されたレジリエンスは、地球と人類社会の持続可能性を問い直す一つのキーワードとして定着している（北村・興津 2020）。レジリエンスに注目が集まる一つの背景には、大規模災害の発生などによって科学的予測可能性に限界があることが明確となり、変化に柔軟に適応し、生態系と社会のシステム機能を存続させる力を高める必要性が社会の中で強く認識されるようになったことが指摘されている（北村・興津 2020）。そのため、想定外の災害が発生した際にも、状況を主体的に認識・判断し、被害を最小限に抑え日常の暮らしを回復させるための個人の行動や速やかな社会的対応をとれる体制をつくっていくこと、すなわち社会的レジリエンスを高めることが重要な課題と見做されている。

　他方で、多くの地域社会では、そもそも社会的レジリエンスとなり得る社会制度、慣習、文化が醸成されてきた。例えば、日本の農山村では、地域のコミュニティや自治組織、隣近所の付き合いなどが、有事の際におけるレジリエンスとして機能してきた。それを強く支える一つの要素は、人と人との繋がり、すなわち社会関係資本である。そして、もう一つ重要な要素が、地域の個々人やコミュニティが有する在来知の存在である。

　本章では、ナミビア北部の農牧社会を対象に、現地の住民が昔から実践してきた物々交換や贈与などの慣習的な食糧獲得手段に着目し、それらの生計活動を社会的レジリエンスという観点から捉えなおす。また、市場経済やグローバル化が進む中で物々交換がどのように営まれ、維持されているのかをそれらの行動を支える在来知に注目して明らかにする。本地域は、今現在、社会の中で共助となる実践や在来知が社会のなかで維持されているという特徴がある。他方、都市化が進み生活様式が変わるなかで物々交換が変化しつつある。そのなかで、将来の社会的レジリエンスの向上や社会変容に向けて、このような在来知や在来の制度をいかに継承すべきかを考察する。

2　ナミビア農村の複合生業システムと資源利用に関する在来知

（1）対象地域の概要

　ナミビアはアフリカ大陸の南西部に位置する乾燥国である（**図3-1**）。ナミブ砂漠の広がる海岸部や国の中部・南部には牧畜民が暮らし、降水量が300mmを超える北部では牧畜とともに農耕を営む農牧民が暮らしている。国の北中部には平原が広がり、季節河川が網目状に分布する湿地帯が形成され、雨季（12月〜4月）になると北のアンゴラから洪水が押し寄せる（藤岡2016）。この地域に暮らす農牧民オバンボは、中州状の微高地に住居と畑を設け、住居が点在する散村を形成している。土地は共有地であり、基本的に個人での所有は認められていない。土地などの自然資源は、村の代表者であるヘッドマンなど"伝統的指導者（Traditional leaders）"によって管理され、各世帯には使用権が与えられる。

　ナミビアは、19世紀後半からドイツの植民地となり、第一次大戦後は南アフリカに支配され、アパルトヘイトが実施された。植民地支配のなかで、民族集団の指導者である王やチーフが排除され、植民地支配体制に組み入れら

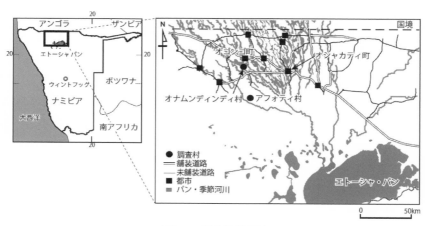

図3-1　調査地位置図

写真3-1　畑の耕起（左），トウジンビエ（右）

れた。王やチーフは、干ばつなどが発生した際に食糧が不足する世帯に食糧を支援する役割を担ってきたが、そのような社会的な制度はほぼ失われた。

　オバンボは農耕と牧畜を中心に、野草や食用昆虫の採集、漁労、都市での出稼ぎなどを組み合わせた複合生業を営んでいる（藤岡 2016）。近年では、都市域で就労する人々も多く、農村に近い地方都市への大型スーパーマーケットの進出もめざましい。オバンボの主食はトウジンビエの粉を湯にといて練った固粥（現地語でオシスィマ）であり、副食はウシのミルク（酸乳）や肉、魚、昆虫などである。また、トウジンビエの粉と発芽させたモロコシの種子を混ぜ、微発酵させた飲料（オシクンドゥ）が日常的に飲まれている。

　オバンボは天水に依存した農耕を営む。雨季が始まる12月、ロバにひかせる犂（**写真3-1**）や1980年頃から導入され始めたトラクターで畑を耕起し、一家総出で播種を行う。最も作付面積が大きいのはトウジンビエである。耕起や除草など、共同労働として農作業を行うことも多い。乾季が始まる５月頃に収穫し、脱穀したのちに穀物庫で保管する。収穫した作物は主に自給用とされ、豊作年にとれた余剰分は数年間にわたって貯蔵されることもある。

　オバンボは農耕とともに牧畜も営む。飼養する主な家畜はウシと小家畜（ヤギとヒツジ）である。ウシは搾乳と食用に、小家畜はおもに食用として利用される。また、後に述べるように、家畜は物々交換などの手段を通じて作物に交換が可能であり、不安定な降雨への対処として、長期的に食糧をストッ

クしておくという意味があると考えられる（Fujioka et al. 2020）。

　ナミビアは、他の乾燥地と同じく、降水量の経年変化が極めて大きい。オバンボが主作物とするトウジンビエは、乾燥に対する耐性が非常に高く、最も乾燥に強い作物といっても過言ではない。しかし、湿害に弱く、水に浸かると生育が極端に悪化する特性があり、また生育期間の雨量が250mmを下回る極端な乾燥でも生育が悪化する。そのため、トウジンビエ栽培においては、干ばつと大雨のどちらも、穀物生産を低下させ、飢饉を招く要因となりうる。

　干ばつと大雨は本地域をたびたび襲ってきた。記録のある範囲では、1877/79、1907/08、1915、1920、1929-31年に深刻な飢饉が発生したことが知られ、独立直後の1992/93年にも干ばつが発生した。2000年代後半からは、大雨洪水イベントが頻繁に発生し、2007/08年には、「35年来の最大規模の洪水」と報道された大規模な洪水が押し寄せている（**写真3-2**）。しかし、2012/13年には「30年来の大干ばつ」と報道される深刻な干ばつとなり、2014/15年もそれに匹敵する干ばつとなった。これらの年の多くは被害が甚大であったため、国家非常事態宣言が発令された。

　ナミビアでは、気象災害発生時の政府による公的な食糧支援制度（ドラウト・レリーフ）が存在する。本制度は1992/93年に発生した大規模な干ばつの後、災害時の食糧安全保障を目的として策定された。干ばつや大雨・洪水

写真3-2　多雨年の畑（左，2009年3月），干ばつ年の畑（右，2013年5月）

など、気象災害全般に適用される。本制度は、各コミュニティの代表者（通
常は村のヘッドマン）を中心に設置された委員会が毎年の雨季の後半に各世
帯の畑を見回り、収穫状況を調査して食糧の要支援世帯を年ごとに決定する。
その際、世帯の所得が考慮される。各コミュニティの委員会は、食糧支援が
必要な者のリストを知事に提出し、上部の委員会で要支援者を決定する。物
資はトラックなどで村に届けられ、要支援者に手渡される。食糧の内容は年
によって異なり、例えば2013年の場合、一世帯に対してトウモロコシ25kg、
魚缶詰２個、油５リットルが支給された。これは、一時的な凌ぎにはなるが、
世帯で消費する食糧のわずかな部分を補填するにすぎない量である。また、
洪水の直接的な被害を受けた世帯には、テントなどを整備した避難場所を提
供し、毛布や食糧などが支給される。こうした支援は、国際NGOなどが実
施する場合や配給する食糧に他国からの支援物資が活用されることもある。

（２）オバンボの在来知

　降雨が不安定な地域に暮らす農民の多くは、降雨の不確実性を見越した平
時の対処、極端気象が発生した後の非常時の対処を行っている。オバンボの
食糧獲得活動に関しても、平時および非常時において様々な対処行動がみら
れ、また、その行動を支える広範な在来知が存在する。
　在来知やそれに関連する人々の行動を考える際、いくつか重要な点がある。
以下で３点に絞って説明したい。一点目は、人々の有する在来知は、必ずし
も、ある目的のために存在するわけではないということである。例えば、オ
バンボの人々は、雨の降り方に関する様々な在来知を有している。「午後、
村の南東側に大きな雲が現れたら、その夜は雨が降る」、「●●がたくさんみ
られるから、今年は雨が多い」、「（雨季の半ばである１月に）○○がみられ
るから、今年は干ばつになる」などである。これらの在来知は、その年や日々
の気象現象に関するものであるが、極端気象への対処を目的として有してい
るわけではない。もちろん、こうした知識が対処行動に活かされることは多々
ある。しかし、特定の目的のために知識が存在するという理解の仕方は誤り

であり、こうした在来知と対処行動が一対一で対応するわけでもない。

　二点目は、在来知および対処行動は、平時／非常時に厳密に分けることは難しく、連続的な総体として存在する／実践されるという点である。後述する物々交換による食糧獲得は、非常時においては不足する食糧を入手するための重要なチャネルとなりうるが、必ずしも非常時だけに行われるわけではない。当然ながら、それを行う理由が各世帯にはあるわけだが、その理由は世帯ごとに異なる。また、平時の社会関係および関係についての知識がなければ非常時のチャネルとして活用が難しいという点も極めて重要である。

　三点目は、在来知は、体系化・外部化された科学知と、必ずしも同様の構造で存在するわけではないという点である。ある地域の人々が有する知の体系は、エスノ・サイエンス（ethnoscience）とよばれることもある（寺嶋2002、藤岡2019）。西欧近代科学としてのサイエンスに対し、それぞれの民族や人々の集団が有する固有の科学のことである。人類学者の寺嶋秀明は、「エスノサイエンスは、日々、自然と密接に接触しながら観察と思考を繰り返し、相互に情報交換をおこない、よりよき実践と価値を求めて生きる人びとの暮らしの中にある。文化の中に埋め込まれた、そういった経験の束そのものがエスノサイエンスなのである（寺嶋2002：10）」と述べている。在来知と科学知は、ときには分かちがたく存在し、時には異なるものとして存在するが、近代科学との比較で在来知の優劣を語ることや、両者を同一視するのは誤りである。

　上記の点を考慮した上で、オバンボの在来知の一部をみてみよう。雨季が始まる12月頃になると、人々はその季節の雨の降り方について、井戸端会議や道端で会ったときなどに話題にあげる。カメムシやイモムシの発生数などが目安となり、また雨季が始まる頃の雨の降り方もその年全体の雨の降り方のパターンと関連していると考える人もいる。雨が多くなりそうな年は、播種する作物種としてソルガムの割合を増やし、少なくなりそうな年はトウジンビエを増やすなどの調整をする。

　収穫後、人々はトウジンビエを滅多に販売せず、数年にわたり穀物を貯蔵

する。その主な理由を不確実な降雨への対処として説明する人も少なくない。彼らの穀物庫はエシシャとよばれ、世帯ごとに複数個のエシシャを所有する。エシシャには、脱穀したトウジンビエ粒が貯蔵され、エシシャ一個で約一年分のトウジンビエが貯蔵できるといわれる。

　しかし、穀物を備蓄することは十分な畑面積や労働力を確保できない世帯では困難である。そのため彼らの社会には、不安定な降雨への対応策にもなり得る物々交換や相互扶助の慣習がある。トウジンビエを入手する手段には、現金を介した購入、他世帯からの贈与、オシャシャ（*oshasha*）とオクピンガカニシャ（*okupingakanisha*）とよばれる物々交換の四つの手段がみられる。

　オシャシャとオクピンガカニシャはともに物々交換の様式であり、基本的には現金を介さない手段である。オシャシャは、肉や魚、バスケットなどの交換財とトウジンビエなどを直接的に交換する物々交換であるが、個人ごとに行う交換ではなく、日を決めて一対複数で交換する点に特徴がある。一般的なオシャシャの順序は、①トウジンビエなどの入手を希望する世帯が物々交換のために必要となる交換財を事前に準備する、②オシャシャを行う日を決め、多くの人にアナウンスをする、③オシャシャを行う当日、交換財を入手したい世帯が適当な量のトウジンビエを持ち寄り、その量に応じて物々交換が行われる。つまり、オシャシャは開催世帯が複数の世帯と対峙し、小分けにした食肉などとトウジンビエを交換する交換会である。そのため、一参加者あたりでみれば、交換されるトウジンビエは少量である。一方、オクピンガカニシャは、一対一の取引であり、典型的な例としては、生きた家畜（特にウシ）一頭と穀物庫一個分のトウジンビエを交換する。

　次節では、ナミビア北部オムサティ州に位置するアフォティ（Afoti）村とオナムディンディ（Onamundindi）村を事例地域として、2015年、2016年に発生した干ばつ後の人々の食糧獲得行動と物々交換について紹介する。

3　気象災害時の食糧獲得―社会的レジリエンスとしての物々交換―

　オムサティ州の都市域は州都のアウタピ（Outapi）と、アウタピに比べて小規模であるが、商業施設や飲食店が立地しているオゴンゴ（Ogongo）である。オゴンゴとアウタピは国道C46号で結ばれており、車を使えば片道30分ほどで行き来することができる。アフォティ村とオナムディンディ村の最も近い都市域は、どちらもオゴンゴである。しかし、オゴンゴまでアフォティ村からは車で片道90分ほどであるのに対して、オナムディンディ村からは約25分であり、その距離は大きく異なる。本節では、これら2村を比較することで、食糧の安全保障を支える社会的レジリエンスが都市域へのアクセスに応じてどのように異なるのかを検討する。

　事例地域における調査は、2016年12月から2017年1月にかけて実施した。調査世帯はアフォティ村が37世帯、オナムディンディ村が21世帯である。1世帯あたりの世帯員数は、アフォティ村が4.19人、オナムディンディ村が4.95人であり、両村ともにこれら世帯員の過半が女性である。性別に加えて、世帯員の年齢構成にも注目すると（**表3-1**）、両村ともに青壮年期以前の男女世帯員は少なく、これに対して60歳以上の女性世帯員が多い。60歳以上の女性世帯員が多いことで老齢年金の受給世帯は多く、こうした年金収入は干ばつ下における食糧や飼料の購入資金となっている。

　2015年、2016年にナミビアで発生した連続的な干ばつは、本地域においてもトウジンビエ生産に大きな被害を与えた。両年において十分な量のトウジ

表3-1　調査対象世帯の世帯員年齢構成

居住地	性別	世帯員（人）				
		15歳以下	16〜19歳	20〜39歳	40〜59歳	60歳以上
アフォティ村	男性	29	10	9	7	5
	女性	31	5	15	23	21
オナムンディンディ村	男性	17	9	10	7	5
	女性	19	6	10	8	12

ンビエを生産できた世帯は、2015年のオナムディンディ村を除いて、調査世帯の半数未満であった。こうした状況のなかで、彼らはトウジンビエの代わりに、米やトウモロコシ、マカロニなどを食している。主食であるトウジンビエが市場で売買されることは少ない。そのため、オバンボは干ばつ下において、不足したトウジンビエを市場で購入可能な米やマカロニ、ドラウト・レリーフによって支給されるトウモロコシなどで代替している。

　2015年と2016年の干ばつは、上述した農業だけでなく、牧畜にも大きな影響を与えた。事例地域における主要な家畜はウシとヤギであり、1世帯あたりウシは約10頭、ヤギは約20頭が飼育されている。これらの家畜を、彼らは放牧して飼養しているが、彼らのなかには「キャトルポスト」（遠隔地に設置した放牧地）を利用している世帯もある。キャトルポストの所有世帯は、所有していない世帯と比較して家畜の飼養頭数が多く（ウシを例にすると平均10頭ほど多い）、商業的な牧畜を行う世帯である。

　両村の世帯は干ばつ発生時に家畜を維持するために、様々な対応策を講じている。所有するキャトルポストを利用した世帯や、遠隔地に居住する親族に家畜を預けた世帯など、飼養地域を移動させることで干ばつに対応している世帯もあるが、多くの世帯は飼養地域を移動させずに対応している。そのなかで最も多い対応策は草木の葉や茎を刈り、家畜に与えるという方法である。飼料には農地で栽培しているトウジンビエやソルガムの茎が用いられるほか、樹木の葉も利用されていた。また、土壁と茎を葺いた屋根で構成される伝統的な家屋の屋根を壊し、屋根に使われていた茎を与える世帯もあった。葉や茎を与えるという対応に次いで多いものが、購入した飼料を与えるという対応である。この対応は都市域に近く、飼料を購入しやすいオナムディンディ村で多く、調査世帯の半数以上が市場で飼料を購入していた。

　このような方法で事例地域の住民は干ばつに対応しているが、深刻な干ばつが連続して発生しているなかでは、家畜の自然死というリスクを完全に避けることは難しい。こうした家畜の自然死、特にウシの自然死への対応策として機能しているのが、伝統的な物々交換である。

干ばつが発生していたアフォティ村およびオナムディンディ村では、物々交換の開催者が生体のウシを、参加者が大量のトウジンビエを準備することは互いに困難であったため、2015年と2016年の間でオクピンガカニシャはどちらの村でも実施されていない。

　実施が困難であったオクピンガカニシャに対して、干ばつ下における物々交換として機能したのがオシャシャである。オシャシャは2016年のオナムディンディ村を除いて、2015年と2016年に各村でおよそ10世帯が実施している。しかし、すべての実施世帯がトウジンビエを十分に収穫できなかったわけではない。いずれの年、いずれの村でもトウジンビエを十分に収穫できずにオシャシャを実施した世帯は、実施世帯の半数以下である。また、オシャシャを行った世帯の約6割は安定した月収を得ている高所得世帯である。したがって、世帯における収穫と収入の多寡を問わず、オシャシャが実施されている。オシャシャの参加人数と交換されたトウジンビエの合計重量をみると、2015年のアフォティ村では106名が参加し、交換されたトウジンビエの重量は合計1,035kgであったが、2016年には48名、771kgに減少した。同様にオナムディンディ村でも、2015年は59名が参加し、608kgのトウジンビエが交換されたが、2016年になると参加者は21名となり、交換されたトウジンビエも227kgに減少した。両村では2015年から2016年にかけて連続して干ばつが発生していたため、オシャシャの参加者数は減り、交換されたウシの頭数も減少した。とりわけ2016年にトウジンビエを十分に生産できた世帯が大きく減少したオナムディンディ村では、オシャシャの参加者数と交換されたトウジンビエの重量は、どちらも前年の半分以下となった。

　これら交換されたウシに関して特徴的であるのが、交換されたほぼ全頭数が、干ばつによって自然死して間もないウシか、自然死すると見込まれるウシという点である。自然死した（見込まれる）ウシが交換されていたこと、トウジンビエを十分に収穫できた世帯のなかにもオシャシャを開催した世帯があることを踏まえれば、オシャシャは主食であるトウジンビエの獲得手段としてだけではなく、干ばつ下では飼料を与え、飼養しなければならないウ

シを長期保存が可能なトウジンビエに交換することで、彼らの重要な資産であるウシが自然死し、資産が減少するリスクを回避する手段としても機能していたと言える。

4　食糧獲得手段の変容―市場との接合、経済格差―

　前節では農牧業の干ばつへの対応、そのなかでオバンボの物々交換が果たした機能について整理した。これを踏まえて本節では、食糧獲得の手段が市場や都市との近接性によってどのように異なっているのかを検討する。

　前節で述べたように、両村とも青壮年期の居住者は少なく、特にオナムディンディ村では男性が少なくなっていたが、これは国内における主要都市で就業しているためである（**図3-2**）。数少ない村内での就業者は、学校の教員や、南部アフリカにおいてシェビーン（Shebeen）と呼ばれる酒場を経営している者が多い。どちらの村においても、恒常的就業、一時的就業ともに多いのは首都ウィントフックでの就業である。村内での就業が教職や酒場の経営に限定されていたのに対して、ウィントフックでは、学校における清掃業や携帯電話の修理、国の省庁で勤務する者など、その職種は多様である。ウィントフックの他には、港湾都市ウォルビスベイや北部の主要都市オシャカティでの就業者が多い。また、**図3-2**の「その他」に分類される者には、上述以外の国

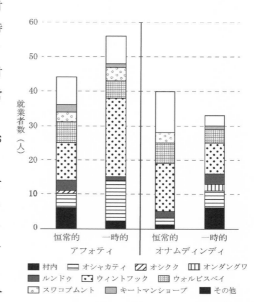

図3-2　調査村居住者の就業者数と就業場所

内地域で就業する者だけでなく、隣国で経済的繋がりも強い南アフリカで就業している者も含まれる。これらの都市で就業する者の多くは、農繁期に帰省し、農作業を担う。このように両村における就業地として機能しているのは、ナミビア国内の主要都市である。そのため、都市域の近くに位置するオナムディンディ村であっても、就業地と近接しているわけではない。

　こういった就業状況の違いは、両村における世帯収入の違いにつながっている。アフォティ村のなかで月給を得ている世帯は20世帯であり、このうち13世帯は月給が6,000ND（ナミビアドル）を上回る。一方のオナムディンディ村では14世帯が月給を得ており、このうち12世帯が月給6,000NDを上回っている。どちらの村でも調査世帯の半数以上が6,000NDを上回る月収を得ているのに対し、アフォティ村の16世帯、オナムディンディ村の6世帯は月給を得ていない。したがって、両村の居住世帯は月給が6,000NDを超える世帯と、月給がない世帯とに二分される傾向にある。この他、両村には他地域に居住する親族へのトウジンビエの販売や、オシクンドゥやトウジンビエの粉を水と混ぜ、直火で焼いたオシウィーラを売ることで収入を得た世帯がある。しかし、これらの収入は年間で1,000ND程度であり、両村では、月給の有無によって世帯間の経済状況が異なっている。とりわけ教員や医療従事者、軍や警察、省庁職員など、賃金水準の高い公的な機関での就業者がいる世帯では世帯収入が高い。

　オシャシャに代表される伝統的な物々交換や市場での購入といった生産以外の食糧調達に関するチャネルを、調達した食糧の重量で整理すると、2015年では1世帯あたりアフォティ村が261kg、オナムディンディ村が232kgの食糧を調達している。このうち、最も割合が大きいチャネルは、どちらの村でも政府からの干ばつ支援であり、その割合は50％前後となっている。この干ばつ支援に次いで割合が大きいチャネルがローカルマーケットやスーパーマーケットなどでの購入である。購入の割合は都市域に近接し、食糧を購入することが容易であるオナムディンディ村でアフォティ村（23％）より約8％高くなっている。また、オシャシャによる食糧調達と他世帯からの贈与の

割合は同程度であり、両村でそれぞれ10％から15％を占める。割合は同程度であるが、オシャシャによる食糧調達は収入の多い世帯でも行われていたのに対し、贈与を受けた世帯の多くは、安定した収入のない低所得世帯という違いがある。さらに、オシャシャは村内からの参加者が多いのに対し、贈与の相手は村外に居住する親族が中心である。こうした特徴から、多くの世帯が実施するオシャシャは地縁的な食糧調達チャネル、贈与は低所得者を主とする血縁的な食糧調達チャネルとして機能していることがわかる。

　2015年から2016年における各チャネルの食糧重量割合の変化には、両村では異なる特徴がみられる。まず、2016年において取り扱われた食糧の1世帯あたりの重量は、アフォティ村が232kgであり、オナムディンディ村が234kgであった。オナムディンディ村の重量は2015年とほぼ同じであるが、十分な量のトウジンビエを収穫できた世帯が増加したアフォティ村では1世帯あたり29kg減少している。そして、2016年のアフォティ村では干ばつ支援が占める重量が58％に増加した一方、贈与の割合は9％に減少した。これは十分にトウジンビエを収穫できた世帯が増加したことから、食糧の贈与を必要としない世帯が増加したと推察される。これに対して、オナムディンディ村で増加したチャネルは購入であり、購入の割合は10％増加している。購入による食糧調達が増加した一方で、減少したチャネルは贈与（13％）とオシャシャ（5％）である。干ばつ支援の重量は2015年とほぼ変わらないことから、オナムディンディ村ではオシャシャと贈与の減少分を購入というチャネルで補填していることがわかる。

　こうした食糧調達の違いは、住民の食糧調達方法に関する認識にも表れている。両村において、各世帯が重要だと認識している食糧調達方法の順位をみると（**図3-3**）、アフォティ村では政府からの干ばつ支援が最も重要だと認識され、2位購入、3位オシャシャが選択されている。これに対して、オナムディンディ村で最も重要な方法として認識されているのは購入であり、次いで干ばつ支援、3番目に重要であるのはアフォティ村と同じくオシャシャであった。以上を踏まえれば、都市域に近接し、食糧を購入することが容

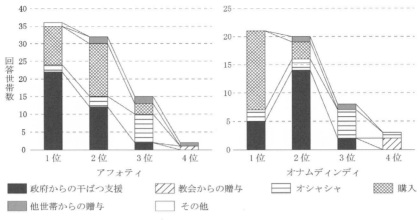

図3-3　調査村居住者の食料獲得手段の重要性に関する認識

易であるオナムディンディ村では、物々交換というチャネルの重要度が低く、ローカルマーケットやスーパーマーケットでの購入が高くなっている。

　こういった購入への偏重は、世帯収入が月収6,000ND以上の上位世帯と、月収がない下位世帯に二分されていることを踏まえれば、世帯収入の多少が食糧調達の難易に直結する可能性がある。そして、こうした食糧調達の変化は、実際に取り扱われる重量の変化だけでなく、住民の食糧調達チャネルに対する認識にも起きており、都市域に近接し、市場へのアクセスに恵まれたオナムディンディ村では実際に調達される食糧の重量、食糧調達に関する住民の認識のどちらもが市場経済に依存するようになりつつある。

5　在来知の活用と社会的レジリエンス─課題と展望─

　これまでみてきたように、ナミビアの農牧社会では不確実性の高い気候環境のなかで、人々は農牧を中心とする生業形態を発展させ、身の回りの気象現象や生態環境に関する在来知を発達させてきた。そして、在来知を活用することで、極端気象災害に対する事前の備えを行い、災害発生時には在来知

や社会的ネットワークを駆使して食糧を獲得する対応や市場での購入などを織り交ぜた対処を行ってきた。災害への対処行動の背景には、物々交換にみられるように、長年の歴史のなかで培われた慣習や文化が社会のなかで共有されている。個人や世帯、社会の中で発達してきた在来知や在来の対処行動は、極端気象災害時において、危機の回避や被害の緩和に結び付く重要な機能を有している。政府による公助も重要な役割を果たしているのは間違いないが、対処行動は世帯や個人を単位とする自助が基本であり、その背景には社会全体として食糧不足の世帯を支援する共助の精神や制度が存在していた。

　物々交換を成立させるためには、生態資源を中心とした交換財の準備と、交換をする相手が必要となるため、各個人や世帯の地縁や血縁を通じた社会的ネットワークが重要となる。平時の備えとしては、家畜などの交換財を増殖・維持しておく日常の生業活動や交換財となる動植物に関する在来知の蓄積、そして日常の人と人との繋がりを紡ぎ続けることが必要である。日常生活のなかで、人々は村の他の家をよく訪れる。自宅で作った酒や家畜から搾ったミルクを贈ったり、除草作業や屋根の葺き替えの手伝い、冠婚葬祭や村の寄り合いなど、人と人との付き合いを重視する。このような平時における社会的な繋がりや在来知の蓄積は、災害時の対応と繋がっているのである。

　他方、このような共助のシステムやそれを支える慣習、社会的ネットワークは、移ろいやすいバランスの上に成り立っている。市場や都市の発達、生業構造の変化などによって日常の生業形態や生活様式が大きく変化するなかで、相互扶助的な共助のあり方や人々の意識が移り変わる側面が認められた。このような慣習的な制度は、気象災害発生時における住民の食糧安全保障を支える社会的レジリエンスとして機能してきたが、そうしたものが失われていく変化の様態は、気象災害に対する脆弱性が増大する変化として捉えることができるだろう。一方で、この現象は、都市が発達し、市場経済が浸透する中でも、物々交換などの慣習な制度が意図的に維持され、選択的に残されている現状をみていると理解することもできるだろう。人々に話を聞くと、人と人との関係を維持し、そうした関係のなかで生活を営んでいくことに喜

びを見出している人も少なくない。こうした慣習が、都市化や市場経済化の
なかで完全に喪失するという前提は、そもそも誤っているのかもしれない。

　最も、市場経済の原理のなかで、現金を蓄積しておき、災害時に現金を介
した市場での対応で非常時の食糧安全保障を成り立たせるという考え方を主
張する人もいる。そのような対応は、選択肢の一つとして有効なものである
ことは間違いない。しかし、災害時には市場での食糧供給が追い付かず、ま
た市場へのアクセスが困難な遠隔地においては、市場での対応だけでは十分
に機能しないことは明らかである。さらに、経済格差の大きな当該地域では、
低所得の世帯が市場を通じて食糧を確保することに限界がある。本書の問題
意識に立つと、人々が発達させてきた在来知や共助のシステムをいかに維持
し、発達させていくのかという方策を考えていくことが、本地域の社会的レ
ジリエンスを強化していく一つの重要な将来の道筋になるだろう。

　当該地域において、社会的レジリエンスの強化に向けた社会変容を進めて
いくためには、どのような方策があるだろうか？自然環境に関する在来知や
社会的ネットワークが日常生活のなかで育まれることを考えると、自然との
関係や人と人との関係が維持されるような生業や日常生活が継続されること
が最善であるのは間違いない。しかし、そのような生活様式が失われつつあ
ることを前提とすると、これまでに育まれた在来知やその意義を共有し、社
会のなかで再生産する仕組みを意識的に構築していくことが必要であろう。

　地域に長らく居住する年長者は、過去の災害の被害やそのときの対応に関
する経験や知識を有している。そのような知識は、日常的に語られるもので
はなく、何かの機会がなければ地域の居住者であっても聞くことは少ないよ
うである。これまでにインタビューに回答した年長者の幾人かは、過去の災
害の経験などを質問した際、「そうしたことを聞いてくれる人は全然いない」
と嘆いていた。地域に暮らす人々の過去の経験や知識を整理し、共有するこ
とは、一つの方策となるであろう。そのような試みを実施する際には、地域
外の組織や研究者などが支援することもできるかもしれない。

　地域で発達してきた在来知やその実践が、非常時の対応になることは地域

のなかでは自明のことかもしれないが、その意義を明確に認識している人ばかりではない。特に、若い時期に都市での寄宿舎生活が長かった人や若い世代では、現金を介した生活経験が長く、農村での生活や気象災害時の対応に馴染みのない人も多い。そのため、地域の在来知や慣習の意義を認識・再確認する機会を増やすことも、社会変容に向けた活動になりうるであろう。

　難しいのは、その実施方法である。世界の多くの地域でNGOやNPO、研究者や行政が関わり、そのような試みが実践されている。学校教育などを通じ、ESDの一環として進められる事例も多い。そうした方法は本地域でも有効であろうが、他方で画一化した教育の一環となると、地域のなかで実践的な知識として育まれ、活用されてきた在来知が外部化され、現実的には役に立たない知識となってしまうこともありうる。こうした知識や経験をいかに現実の社会における日常実践や在来知に繋げていくかが大きな課題であろう。

おわりに

　冒頭で問題提起したアフリカ脆弱論に対し、本章ではナミビア農牧社会の事例から、気象災害時に機能する共助のシステムやそれを支える在来知が地域の中で発達し、いまもなお、それらが地域の中で活用され、社会のレジリエンスの重要な一角となっていることを紹介した。他方、それらを育んできた生業や生活様式が急速に変化し、共助のシステムが喪失しつつあることも指摘した。しかしながら、共助があるがゆえに、公助や介入の必要がないということを述べたいのではない。また、それらが喪失されているから、代替する公助の導入や介入の強化をすぐに構築する必要があるということを主張したいわけでもない。気候変動が急速に進行し、極端気象災害が頻発しているという現実を理解したうえで、地域でこれまでに育んできた対応策を見つめなおし、何が必要で何が不足しているのかを個人や世帯、コミュニティや国家などの多様なスケールで議論していくことが、社会的レジリエンスを高めていくための第一歩であろう。また、アフリカ脆弱論を考える際、植民地

支配による社会制度の改変などの歴史的な経緯にも留意するべきである。

　本地域の事例は、日本の未来にどのような示唆があるだろうか？一つには、社会的レジリエンスを高める上で、共助とそれを支える人と人との繋がりの重要性である。それが、公助や自助と結びつくと、強力なシステムとなりうる。また、地域の在来知や経験を、どのように世代を超えて紡いでいくことは、日本においても共通の課題であろう。

　本稿を執筆している2020年現在、世界では新型コロナウイルス感染症（COVID-19）が猛威を振るい、深刻な事態が生じている。感染防止のために社会活動が制限されるなかで、極端気象イベントは独自のメカニズムで発生しうるため、地域の共助のシステムはさらに深刻な問題に直面している。しかし、このような状況は、共助の必要性や重要性をより一層高めているともいえる。多様な課題に直面するなかで、将来における暮らしや社会のあり方をこれまで以上に考えていく必要があることは間違いない。

参考文献

門村浩（2011）「地球変動の中の乾燥地—アフリカからの報告—」『沙漠研究』20（4）：pp.181-188.

北村友人・興津妙子（2020）「ESDが目指す「学び」のあり方と社会的レジリエンスの強化」佐藤真久・北村友人・馬奈木俊介編『SDGs時代のESDと社会的レジリエンス』筑波書房，pp.1-22.

重田眞義（2016）「争わないための作法—生業と生態をめぐる潜在力—」重田眞義・伊谷樹一編『争わないための生業実践—生態資源と人びとの関わり—』京都大学学術出版会，pp.331-353.

寺嶋秀明（2002）「フィールドの科学としてのエスノ・サイエンス—序にかえて—」寺嶋秀明・篠原徹編『講座生態人類学7　エスノ・サイエンス』京都大学学術出版会，pp.3-12

藤岡悠一郎（2016）『サバンナ農地林の社会生態誌—ナミビア農村にみる社会変容と資源利用—』昭和堂.

藤岡悠一郎（2019）「アフリカ昆虫学とエスノサイエンス」田付貞洋・佐藤宏明・足達太郎編『アフリカ昆虫学—生物多様性とエスノサイエンス—』海游舎，pp.21-33.

Bhattacharjee, R., Ntare, B.R., Otoo, E., & Yanda, P. Z.（2011）"Regional impacts of climate change: Africa," S.S. Yadav, R.J.Redden, J.L. Hatfield, H. Lotze-Campen, A.E. Hall (eds.) *Crop Adaptation to Climate Change*, UK: John Wiley & Sons Ltd, pp. 66-77.

Boko, M.I. et al. (2007) *Africa. Climate Change 2007: Impacts, Adaptation and Vulnerability. Contribution of Working Group II to the Fourth Assessment Report of the Intergovernmental Panel on Climate Change*, M.L. Parry et al. (eds), UK: Cambridge University Press, pp. 433-467.

Dinar, A., Hassan, R., Mendelsohn, R. & Benhin, J. (2008) *Climate Change & Agriculture in Africa: Impact Assessment & Adaptation Strategies*, London, Sterling, VA: Earthscan.

Fujioka, Y., Ishimoto, Y. & Tsuruta, T. (2020) "Unique Features of African Agro-pastoralism: Adapting Life and Sharing Wealth in Fluid Environment." *In* G. Hyden, K. Sugimura, & T. Tsuruta (eds.) *Rethinking African Agriculture: How Non-Agrarian Factors Shape Peasant Livelihoods*. London & New York: Routledge, pp. 79-94.

Hollings, C.S. (1973) "Resilience and stability of ecological systems." *Annual Review of Ecology and Systematics*, 4: 1-23.

Stocker, T. F., Qin, D., Plattner, G.-K., Tignor, M., Allen, S. K., Boschung, J., Nauels, A., Xia, Y., Bex, V., Midgley, P.M. (eds.) (2013) *Climate Change 2013: The Physical Science Basis. Contribution of Working Group I to the Fifth Assessment Report of the Intergovernmental Panel on Climate Change*. Cambridge: Cambridge University Press.

第4章

アラスカ先住民の生存漁労
―米国政府野生動物管理における在来知―

生田 博子

1　はじめに

　皆さんは「アラスカ」と聞いて、どのようなイメージを持つだろうか？北
極圏、極寒、オーロラ、大自然、野生動物、石油・天然ガスなどの天然資源
…アラスカには、トーテムポールを持つクリンギットや、イヌイットとして
知られる人々など、20の異なる言語と文化をもつ先住民族も住んでいる。

　私は、米国アラスカに18年在住し、前職ではアラスカ州政府野生動物管理
局の主任研究員を務めた。同局に勤務する研究者は、名前の通り、熊、ヘラ
ジカ、狼、鮭など、野生動物や魚類を専門にする生物学者がほとんどで、約
2,000人在籍する研究者の中、人類学者は私を含め20名ほどだった。生物学
者は生物を研究するが、人類学者はヒトについて学ぶ。私がいた部署は、人々
が生存に不可欠な食物を得るために行う生存狩猟・漁労を調査し、野生動物・
魚類とヒトの生活を守るための条例や法案への提言をした。なお生存漁労・
狩猟は、商業として展開される漁業や、個人が趣味として楽しむスポーツフ
ィッシング・ハンティング等と区別される。

　ここでの私の仕事は、野生動物、魚類、鳥類のマネジメントすること、そ
れらを生存に不可欠な食物として狩猟・漁労する人々の実態や資源開発が生

Key Word: 北極圏、先住民族、食料保障、野生動物管理、生存漁労

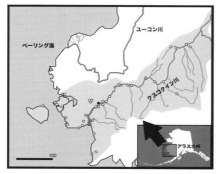

図4-1　南西アラスカ・クスコクイン川流域

図4-2　生存漁労者

存狩猟・漁労に与える影響についての調査、州政府代表としてアラスカ先住
民政府や米国連邦政府との交渉、アラスカ州の野生動物に関する法律や条例
の制定に関する資料作成することなどだった。こうした仕事の前提となるの
は、地元住民との協働と彼らの在来知の尊重である。

　私が統括した南西アラスカは、九州と北海道を合わせたぐらいの広さがあ
り、アラスカで二番目に長いクスコクイン川が流れている（図4-1）。この
全長1,130kmの川は、鮭の遡上数が世界有数で、5種の鮭（キングサーモン、
シロザケ、紅鮭、銀鮭、カラフトマス）が毎年遡上する。そのため、この流
域を伝統的な生活領域とする先住民族ユピックやアサバスカンによる、鮭漁
を中心とする生存漁労は、今日も非常に盛んである（図4-2）。キングサー
モンの生存漁労による漁獲量は、アラスカ全土の54％を占める。

　しかし近年、アラスカの鮭漁は極めて深刻な事態に直面している。温暖化
や自然のサイクルなどが原因で、キングサーモンの遡上数が20年前の1／
10以下に減少したためだ。それに加え、クスコクイン川上流では、北米最大
の金鉱開発が進行中であり、水質汚染がさらなる鮭の減少を招く可能性が懸
念される状況にもある。

　後述するように、種の保存を目的とした厳しい漁労制限が課された2012年
には、鮭漁に依存する住民を救済するために州政府が緊急事態宣言を発出し

た。1世帯あたりの漁獲数が例年300匹から400匹であるこの地域において、政府が発令した漁労禁止措置は、住民の生活を脅かすほどの大きな衝撃を与えたためである。

2010年から2014年、アラスカ州政府は、先住民政府、地方自治体、地域住民の許可と協力を得て、南西アラスカにおいて大規模な生存狩猟・漁労の現地調査を行った。このプロジェクトのために人類学者、生物学者、生物統計学者など約20名からなる研究チームが編成され、私はその代表を務めた。クスコクイン川流域の24村落1,349世帯を、研究者と村のリエゾンが2人1組で1軒ずつ訪問し、約300種の野生動物、魚類、鳥類、植物の収穫量、活用、分配、狩猟・漁労実践地域のマッピング、食糧安全保障、在来知などについて聞き取り調査を実施し、その結果を分析した（Brown et al. 2013, Ikuta et al. 2013, 2014, 2016, Runfola et al. 2017）。

本章では、これらの研究をもとにケーススタディとして、2012年アラスカ州政府が発令したクスコクイン川流域の生存漁労における緊急事態宣言に端を発する、鮭の「種の保存」と人々の「食糧保障」を巡る地元住民と政府や生物学者の攻防をとりあげ、どのように在来知と科学的知識が政治、行政、司法で評価され、政策に反映されたのかを考察する。

2　生存狩猟・漁労、アラスカ辺境の経済、アイデンティティ

アラスカは、日本の国土の7倍もの広大な土地に、日本の約1／14の人口が住んでいる。都市間をつなぐ主要幹線以外の道路が整備されていないため、州内に点在する小規模村落への交通手段は、小型機、スノーモービル、ボートである。

人口200名〜700名前後の村では、産業がなく、現金収入を得られる就労機会は非常に少ない。また物資の主たる輸送手段が空輸のため、物価が高い。

こうした生活環境もあり、多くの人々は、日々の食卓に食べ物をのせるため、鮭などの魚類、北極鯨やアザラシなどの海獣、ヘラジカやカリブーなど

の野生動物、鴨やガンなどの野鳥を獲って生活している。ただし、彼らが、単に経済的理由のためのみに、一帯に生息する動植物に依存しているとみなすのは正しくないだろう。極寒の広大な土地で、狩猟などの激しい肉体労働を要する土地での生活では、日本のそれとは比べ物にならないほどのタンパク質の摂取が必要となる。

　こうした生きるための狩猟・漁労を、「生存狩猟・漁労（subsistence hunting/fishing）」とよぶ。生存漁労・狩猟は、アラスカ辺境地域経済の主な特徴である。数値に換算すると、アラスカ北極圏に暮らす人々は年間4,657ｔ以上の野生動物や魚類を収穫し、その金銭的価値は、およそ91億円にも及ぶ（Alaska Department of Fish and Game 2020）。なお米国連邦政府とアラスカ州政府の法律により、生存狩猟・漁労で獲った野生動物や鳥類、魚介類の売買は禁じられている。

　本章の舞台であるアラスカ州南西部には、60以上の村が点在する。ここは州内で世帯当たりの平均所得が最も低い地域で、生存狩猟・漁労の経済的重要性はとりわけ高い。川沿いの住民にとって、狩猟・漁労実践の捕獲対象生物の中で最も重要なのが、魚類、特に毎年夏にクスコクイン川を遡上する鮭である。近年の調査によると、クスコクイン川流域住民が生存漁労から得る総収穫量全体に占める鮭の割合は下流域で40%、中流域で60%、上流域で41%となっている（Runfola et al. 2017）。また水揚げする鮭の種類に目を向けると、同河川流域においてはキングサーモンの収穫量がもっとも大きい。

　生存狩猟・漁労は、その必要不可欠な経済活動であると同時に極めて重要な社会文化実践でもある。それは単なる食料獲得・消費の一様式ではない。カナダやアラスカの先住民を対象とした多くの研究は、狩猟・漁労が社会関係、規範、共同体意識、イデオロギーの強化やその再生産と不可分の関係にあると指摘している。アラスカ州南西部に暮らすユピックとアサバスカンも例外でなく、経済的重要性だけでない複合的な価値を狩猟・漁労実践に付与している。生存狩猟・漁労は、先住民の生き方としての高い価値が付与されている。

　この点を明らかにするために、同地に暮らす住民たちの生存狩猟・漁労をめぐる語りを紹介し、彼ら自身の声からこの文化実践に対する価値づけがいかなるものか確認してみよう。

- 我々は、生きるために狩猟・漁労しなければならない。資源は、我々の生き方の礎となる。この地で生き延びるために、魚、鳥、植物、大型動物の収穫が頼りなのだ。

- ［生存狩猟・漁労は］我々のすべてだ。精神、身体、魂、人間のあり方は食するもので決まる。

- 生存漁労をどうしても必要な人々がここにいる。心を、文化を育てるという要素が、生存漁労にある。

- ［生存狩猟・漁労は］心身の健康、民族の信念を見出すための手段のようなもの。活動的であること、自然がもたらす食物からの滋養。

- ［生存狩猟・漁労は］先祖とのつながりを意味する言葉だ。我々の祖先のように、動物や魚を獲って食べる。食料を確保する。そうしたことができることで充足感が味わえるのだ。

　生存漁労は、若い世代に伝統的知識、技術、価値を伝承する機会でもある。子供たちは鮭漁のあらゆる面——鮭の水揚げ、流し網の設置、鮭の加工や保存——を経験的に学ぶ。こうした技術は、この地域で生きる彼らの生活に不可欠のものである。そのため、これら技術伝承はクスコクイン川流域民による、将来を見据えた投資ともいうことができる。

3　地域住民の生態学的知識、伝統と変化

　近年、野生動物管理局は、生存漁労に関する伝統、生態学的知識、およびその変遷について記録し、地域住民とその記録を共有し、その内容について協議・精査した成果を政策決定に役立ててきた。以下では、地域住民との協働を通して明らかになった、漁具、伝統的保存食、漁労キャンプという、生存漁労の諸要素を紹介したい。

生存鮭漁の実施機会の公平配分に向けた規制や管理のあり方について熟考する場合、以下で紹介ないし集約した当事者の意見、視点、具体的なデータはいずれも重要なものである。この点は生存鮭漁従事者のすべてに十分な溯上数がない場合には、ことさら重要になってくる。

（1）漁具

　クスコクイン川流域に長く暮らす住民たちは、鮭漁の変化の中で最も大きなものの一つは、漁具であると語った。現在50代以上の人たちは、手製の漁具を使っていた時代を記憶していることからも、その変化がここ数十年のうちに生じたことが伺える。

　かつては入手可能な素材、川の状態、漁獲対象、そしてそれぞれが受け継ぐ伝統により、場所によって使用する漁具は異なるものであったという。歴史的にみると、下流域に暮らす人びとは、動物の腱、アザラシの皮、樹皮を材料とする刺網、筌、槍を使っていた。中流域に暮らす人びとは、漁獲用水車、樹皮製の流し網、槍を使っていた。上流域に暮らす人びとは、漁獲用水車、魚柵、仕掛け罠を使っていた。

　現在、刺網は全流域において使用される。また一般的に、中下流域では流し網が、中上流域ではリール付釣竿が使用されている。この違いは、川の深さなどの河川形態、遡上する鮭の種類と数、産卵間近などの鮭の状態がそれぞれの流域で異なることに由来する。

　古老たちは、使用する漁具の変化は、漁具に関する法規制と文化実践のなかでゆるやかに生じたと語る。より糸製の網とアザラシ皮製の網の双方を利用していた時代や、自家製の網と市販の網の双方を利用していた時代もあったそうだ。市販の網は高価だったため、折半して購入した漁網を半分に切り、それぞれ利用した人びともいたという。

　なお生存鮭漁に関する規則は、解禁期間、水揚げ数などとともに使用できる漁具についても詳細に定めている。近年は、鮭遡上数の激減により、漁具の種類は長さから網の目サイズの大きさに至るまで厳格に規定されるように

なったが、合法的な漁網規格に関する規則変更は大きな困難をもたらす、と述べる漁労従事者は多い。一般的に人びとは何年間も同じ漁網を利用することで、生業漁労に関わる出費を節約し、費用対効果を高めようとしている。それゆえに利用可能な漁具の規格を大幅に変更するような規則が制定された場合、それがいかなるものであれ、潜在的に人びとの漁労機会を奪う可能性がある。つまり、スーパーどころか網を売る店がない、購入資金もない辺境に住む地域住民にとっては、漁網規格の変更は鮭漁そのものができなくなる可能性をはらむ。

　伝統的に使用してきた漁具が使用禁止になったことで、地域住民が困難に直面したこともある。それは1960年代の魚柵の使用禁止措置だ。この措置は、その漁獲方法を伝統的に利用する上流域住民に大きな影響を与えた。上流域にあるニコライ村の住民によると、彼らが魚柵に替わる別の漁獲方法に移行するのにかかった年月はおよそ10年だった。

　こうした漁具の歴史変遷は、一方で漁労が現代的技術の導入によってより容易かつ効率的になったことを示す一方で、現金収入が生存鮭漁に参加する上でより重要な要素となったこと、そして漁労規制が住民にさらなる金銭的負担を強いる可能性があることを示している。

（2）伝統的保存食

　クスコクイン川流域の生存漁労従事者たちは、様々なやり方で鮭を加工し、長い冬に備えるため保存技術を発展させてきた。また彼らは身の部分だけでなく、頭、内臓、卵といったほぼ全ての部分を利用する。保存手段として用いられるのは、冷凍、塩漬、乾燥、燻煙、そして発酵だ。

　クスコクイン川流域に遡上する5種類の鮭の中で、キングサーモンがことさら重要であることにはいくつかの理由がある。その一つは、遡上時期が一番早いことにある。極北にあるこの地域の冬季日照時間はわずか2〜3時間、気温は−30度以下となり、川は完全に凍結する。そのため約8ヶ月に及ぶ長い冬の間、人々の屋外での活動は限られ、冷凍したものや干物、燻製など保

存食を食べて過ごす。5月になると川の氷は溶け、6月には陽が沈まない白夜になり、アラスカは短い夏を迎える。そしてこの夏の始まりである6月中旬にキングサーモンが遡上し始めるのである。人々は、やっと心待ちにした新鮮な食材を楽しむことができるのだ。

　また初夏は、干物や燻製づくりに適した乾燥期にあたることも、人びとがキングサーモンを珍重する理由だ。6月中旬～下旬の乾季は冬の保存食を作るのに最適かつ重要な時期である。キングサーモンの遡上後には、他の4種の鮭の遡上が始まる。しかし7月～8月は、雨が降り湿気が高くなり、ハエが発生するため、干物や燻製づくりにはあまり適した時期ではない。さらに近年の気候変動の影響で、雨季が早まり、降水量が増えたことが、4種類の鮭の遡上の勢いや時期を左右するようにもなっている。つまり地元住民にとってキングサーモンは、十分な保存食を効率的かつ確実に確保するために最適な漁獲対象とみなされていると言える。

　食糧確保の成否を左右するのは、技術的要因や環境的要因だけではない。古老によると、魚や野生動物は、自らの意思で人格的に優れている人間の夫婦を選んでその身を捧げる。そのため、地域住民の中には、水揚げ、加工処理といった作業を行う際、鮭をどのように取り扱ったかが、今後の鮭の遡上数や漁獲量に直接的に影響を与えると考える人が多い。実際、クスコクイン川流域において漁獲量を従事者自らが抑制する要因は二つある。一つは「必要な分だけを獲り無駄を避ける」という保全に関する伝統的概念、そしてもう一つは生態系機能における人間行動が果たす役割である。それは以下の漁労従事者の語りに示されている。

　「魚を処理する時には、敬意を持って魚を取り扱うことが期待されているのだ。魚と争ってはいけない。漁労キャンプは常に綺麗にしておかなければならない。鮭の加工は適切なタイミングで実施しなければならない。そして鮭を無駄にしてはならない。こうしたことが守られなければ、鮭は戻ってこないだろう。」

図4-3　干した筋子

図4-4　鮭の塩漬け

図4-5　干鮭-1

図4-6　干鮭-2

（3）漁労キャンプ

　クスコクイン川流域の多くの世帯は、村から数キロ-数十キロ離れた河岸に、小屋を建て、このキャンプで鮭漁と加工を行う。

　生存漁労は、クスコクイン川流域村落における親族構造・社会構造と関連している。漁労は人員、知識、技術、資本を必要とする大掛かりな実践であり、その実践に参加する人びとは年齢層ごとにそれぞれの役割を担っている。作業の具体的な例として、鮭の水揚げだけではなく、漁具の手入れ、薪集め、薪割り、水揚げした魚の処理、魚の運搬、魚の燻煙など数多くの作業が挙げられる。そして漁労を実施するためには、ボート、船外機、漁網、ガソリン、燻煙小屋、魚干し、これら備品の購入や維持のための現金が必要となる。

　村外の漁労キャンプで生存鮭漁を実践する人びとは、良質の干物を作るの

に漁労キャンプ地が適していることだけでなく、日常生活からの束の間の脱却や家族と過ごす時間としての価値を漁労キャンプに見出している。漁労キャンプは文化伝統、家族伝統の重要な要素である、と述べる人びともいる。

一方、仕事や学校など村から離れることができないため、漁労キャンプに出かけずに自宅から通える範囲で生存鮭漁を実践する人びともいる。そうすることで、賃金労働のために長期休暇がとれない人や、高齢のために簡単には村外に出かけられない人でも、漁労や加工に携わることができるからだ。溯上数が少ない場合や厳しい漁労規制が実施された場合でも、この漁労キャンプに出かけない方法がより効率的とされている。

ただし多くの古老たちは近年の鮭漁実践のあり方について懸念を示している。その懸念は多方面に渡る。代表的なものとして、漁労キャンプへの滞在時間の減少が先住民アイデンティティに与える影響が挙げられる。また禁漁期間における一時的漁労許可措置といった漁労規制のあり方、鮭溯上数の減少、ガソリン価格などと連動した漁労費用の高騰といった要素が文化の継続性に及ぼす影響についての懸念もある。

4 　在来知と科学的知識、生存漁労における先住民と政府の協働

これまで記述してきた先住民の在来知（ないし伝統的生態学的知識）に対置する知識として、生物学者が蓄積してきた科学的知識がある。北米では、在来知と科学的知識の関係性、および双方の知識をいかに野生動物管理に活用していくかについて、当事者たる先住民だけでなく、多くの研究者が議論してきた（Nadasdy 2003他）。

在来知とは、長年その土地で漁労や狩猟を中心として生活してきた先住民族の、動物の生態、環境（川、海、風、氷など）、気候、地形などに多くの地域特有の包括的な知識を示す言葉であり、それらは世代を超えて継承されている。また、そのなかには生態系を守るための伝統、習慣、風習も含まれており、彼らは生存のための資源管理を、世界観と不可分な形で培ってきた。

　そのため、先住民の在来知は、生態学的知識や資源・野生動物管理と、他の知識体系（宗教観、世界観）が分かち難く結びついているという特性がある。

　他方、科学者たちの知識は、理論、実験、専門性、客観性に基づき、統計学などによる数字の裏付けが重視される。科学者にとっての野生動物管理（wildlife management）とは、気候変動や自然の摂理等による動物個体数の増減、種の保存、捕食と獲物のバランス、また資源開発と自然保護のバランスなども視野に入れる。そのため在来知は、動物の個体数を把握するなど部分的・補助的には役立つ一方で、動物や環境を擬人化するなど極めて宗教色の強い知識であり、その客観性や信憑性が疑われるとして、積極的に評価する科学者は少なかった。

　これに対し、先住民たちは、科学者たちの知識は、生物学、地質学、化学、環境学などの専門分野に分かれ、蛸壺的であり、総体的な視点が欠如していると考える人が多い。野生動物や環境は、実験室のように完璧な条件を揃えた状況にあることはあり得ず、常に様々な要素が絡み合う。毎年色々な自然条件が変化する中で、数年に1回、数週間の「調査」をしただけで、その地域の生態系の何が分かるのか、という不信感もある。また、科学者が自分たちの生きてきた環境の「専門家」として、野生動物管理や政策決定などに関し権力をもっていることへの憤りもある。

　このように両者の間には互いの「知識」について根強い不信感がある。アラスカ州の野生動物管理政策の決定プロセスにおいてもこうした対立は例外ではなかった。しかしながら、漁労や狩猟に関する条例や規則を決める際には、連邦政府と州政府の協働と、地元住民との密接なコミュニケーションは必須とされていた。

　アラスカ州では、土地や狩猟・漁労の管理法において、米国連邦政府は連邦政府が所有する土地を管理し、州政府は州政府が所有する土地と先住民政府や企業・個人が所有する土地を管理する、と定められている。例えば、本章の舞台であるクスコクイン川は、河口から中流まで州政府管轄の土地を流れ、中流から上流は主に連邦政府管轄の土地を流れている。ただし、同河川

における漁労管理は連邦政府と州政府がそれぞれ管轄する流域を別個に管理しているわけではない。河川全体の管理は、連邦政府の野生動物管理局と連携をとりつつ、州政府の野生動物管理局が主導している。そのため両政府の野生動物管理局の連携は不可欠である。

　他方、魚や野生動物が、土地の所有者が誰かを把握した上で、土地ごとの狩猟シーズンや規則、法令を参照しつつ移動したり、振る舞いを変えたりすることは当然ない。また魚や動物を追う人間が目視できるような境界線があるわけでもないため、人間の側も自身がどちらの政府の管轄する区域にいるのかを常に意識しつつ生存狩猟・漁労を行うことは難しい。加えて狩猟・漁労規制は、個体数の増減などの要因に応じて毎年区画ごとに変更されるため、連邦政府と州政府それぞれの規制を常に把握して行動することも困難を極める。それゆえに実効性のある野生動物・魚類管理を実現するためには、生業狩猟・漁労従事者たる地元住民の存在を無視して一方的に規制を策定・告知するのみでは不十分だった。

　しかし1980年代には、住民の知識や意向が政策に反映されることは少なかった。当時は、野生動物管理局の生物学者が、科学的知識だけを頼りに鮭の遡上予想を立て、モニタリングをしながらその年の収穫量や条例を決めていたのである。

　この状況に地元住民は不満や不信感を募らせていた。

　生物学者は、鮭に関する生物学的専門知識はもっているものの、この地に住んだこともなければ、鮭漁をしたこともない。クスコクイン川独自の生態系や、地域住民の伝統、生存漁労の大切さもよく分かってない。流域の住民たちは、何百年、何千年にも渡りこの地で漁労・狩猟生活し、鮭の生態や伝統的漁労に関する知識だけでなく、天候や川、鮭を捕食する動物や野鳥類も含めた生態系に関する包括的な知識がある。にもかかわらず、絶対見逃すべきでない自然の兆候や状態すら知らない「よそ者」の決定に、なぜ我々が従わなければならないのか。クスコクイン川流域で鮭漁に従事する人々は、そんな思いを募らせ、直接的に鮭の資源管理に参与することを求めていたので

ある。

　1988年、アラスカ州政府のアラスカ漁業委員会は、地元住民の要望を受け入れ、クスコクイン川鮭管理作業部会を創設した。この作業部会は、直接政策や条例を決めることはできないが、地域住民が持つ在来知や経験の専門性を認め、クスコクイン川流域の鮭漁に大きな影響力を持つ役割を担う。メンバーは、流域に暮らす古老・生存漁労従事者7名に加えて、加工業者、商業漁業従事者、スポーツフィッシング従事者、クスコクイン川流域諸部族漁業委員会、連邦政府生存狩猟・漁労地域諮問委員会、アラスカ州政府野生動物管理局等の代表など、計14名から構成されている。作業部会は、毎年6月から8月、5種類の鮭、キングサーモン、シロザケ、紅鮭、銀鮭、カラフトマスが順番に川に遡上してくる時期に毎週開催されることとなった。

　全長1,130kmのクスコクイン川のどの流域にどの鮭がいつ現れるかは当然異なる。そのため、すべての流域住民に等しく鮭を漁獲する機会を提供するという目的に向けて、異なる立場にある代表者同士の連携、意見交換が会合では重視される。特に同河川を遡上する鮭5種のうち、中・上流まで遡上する鮭3種については流域住民全体の食糧保障に関わるため、ことのほか慎重な議論が展開される。また会合には鮭遡上に関する最新かつ詳細なデータが提供され、それに基づく議論が行われる。これらのデータは野生動物管理局に所属する生物学者により収集されたものであり、GPSをつけた鮭の動向についてのデータ、観察地点を通過した鮭の数についてのデータなど、科学的手法に基づき集められたものである。そしてこの会合で協議されるのは、生存漁労の対象地域、時期などに関する条例の妥当性である。漁具となる刺網のサイズといった、詳細な事項についても検討が行われる。

　このステークホルダーが鮭漁管理に直接的に関与できるシステムの誕生により、鮭漁従事者たる地元住民と、鮭漁管理者たる生物学者や政策立案者が相互関係を育成する機会が確保されることとなったのである。

5　2012年キングサーモン激減によるアラスカ州政府の緊急事態宣言

　上述したようにクスコクイン川流域における鮭漁管理は地元住民の意見や在来知を尊重しつつ決定される体制で進められていた。しかし2010年から顕著となった同河川流域におけるキングサーモンの遡上数の激減は、地域住民の生存漁労に大きな影響を与えただけでなく、長期にわたって続けられてきた作業部会の諮問プロセスの妥当性が問われる事態を生んだ。

（1）緊急事態宣言

　2012年、キングサーモンの遡上数が1976年からの観測史上最低となった上に、直近10年間の平均遡上数を70％下回った。

　アラスカ州政府の野生動物管理局は、キングサーモンの個体保全の必要性から、rolling closureと呼ばれる漁労規制を実施することを提案した。Rolling closureとは、クスコクイン川を5つの区域に分け、キングサーモンが通過する区域を完全に禁漁にする規制のことだ。これは、禁漁期間中キングサーモンだけでなく、他の鮭の漁労も一切できないことも意味したが、作業部会は、地域住民がこの犠牲をはらうことに同意した。しかし、その後のキングサーモンの遡上数や状況から、野生動物管理局は、当初7日間とされた禁漁期間をさらに5日間延長し、合計12日間連続の禁漁期間の設定を改めて提案したのだった。

　作業部会は、この提案を地域住民の食料安全保障問題に関わるとして反対した。反対派の中心は、古老や生存漁労従事者だった。彼らは7日間の禁漁期間終了後に数日間の漁労可能期間を設定した上で、改めて5日間の禁漁期間を設定することを強く要求した。連日の作業部会の会議では、メンバーでない多くの地域住民も傍聴し、作業部会のこの要求を支持した。また連邦政府、州政府の関係者の多くも電話会議で参加し、議論の行方を見守った。

　野生動物管理局による規制延長の提案は、以下の検討すべき事柄を踏まえ

た末のものだった。まずキングサーモンの遡上数が観測史上最悪という事実
である。野生動物管理局は、統計学や現地調査などを駆使し、数十人体制で
遡上数やその状況についての生物学的分析を行なっていたが、どのデータを
見てもキングサーモンの遡上数の激減という危機的状況は決定的だった。一
方で、キングサーモン以外の4種類の鮭の遡上数は、例年より少ない可能性
があるものの、生存漁労を行っても産卵地には十分な数の鮭が到達できるこ
とが様々なデータから予測されていた。そのため、地域住民の食料保障は、
他の鮭や魚、野生動物の収穫で補えると認識されていた。また、地域住民一
人当たりの鮭の漁獲量・消費量は近年減少傾向にあったももの、地域全体の
人口増加、とりわけ下流地域の大規模村落の人口増が著しかったため、地域
全体の漁獲高は上昇傾向にあった。例えば、この地域のハブコミュニティで
は、50年間で人口が5.6倍も増加した。そのため、世帯あたりの水揚げ量を
規制したとしても、流域全体を考えれば鮭の保全には効果的でないとの見解
があった。さらに人口の多い下流域で鮭漁が実施されれば、中流〜上流に十
分な数のキングサーモンが到達できず、この地域の住民の漁獲機会はほとん
どないだろうと考えられていたのである。

　平時であれば、クスコクイン川の漁労は、州政府の野生動物管理局が、生
物学的データをもとに、クスコクイン川鮭管理作業部会の助言を尊重し、連
邦政府と連携をして管理することになっている。しかし作業部会はあくまで
も諮問機関であり、政策を決定する権限はない。また州政府と連邦政府の意
見が異なる場合は、常に連邦政府の意向が優先されることになっている。

　このとき州政府は、キングサーモンの種の保存は考えつつも、先住民の食
料保障を合わせて考えた場合、漁労規制は厳しくしすぎるべきでないとの意
見を持っていた。一方、連邦政府は種を保存することを優先事項とみなし、
キングサーモンの個体保存のため、住民の生存漁労を厳しく規制すべきであ
るとの意見だった。結果、キングサーモンは12日間連続の禁漁規制が施行さ
れたのである。

　この決定に対して、地元住民は大きく反発した。南西アラスカは辺境のた

め、スーパーでいつでも食料を購入できる都市部と異なり、生存漁労は死活問題だ。また下流～中流にかけて住む先住民族ユピックにとって鮭は特別な意味を持っている。日本語で「お米」を「ご飯」と呼ぶのと同じように、「鮭」は、彼らの言語で「食べ物」「食事」一般を意味する言葉であることにも現れている。

また前述したように、先住民たちは、魚や野生動物は、自らの意思で人格的に優れている人間の夫婦を選んでその身を捧げるという世界観をもっている。もし人間が、命を捧げてくれる魚や動物を拒否したら、その魂は気分を害し、二度と戻ってこない。さらに、魚を獲る者は、自分の家族だけを養えば良いというわけではない。その命を寛大に捧げてくれた魚を、未亡人やお年寄りなど漁ができない人々に寛大に分配するという伝統的な義務もある。そうすることによって、魚はその漁師が人格的に優れている人と認識し、また命を捧げてくれる。

こうした状況の中で、事件が起きた。クスコクイン川下流から中流の複数の漁労従事者が、先住民政府や古老の意向を受けて禁漁期間に違法漁労活動を敢行したのである。「アラスカ先住民の伝統である生存漁労は、禁漁期であっても、政府によって絶やすべきでない」と声明を出す村もあった。その結果、連邦政府は、警官を出動させ、61の召喚状を公布、21の網と11,000ポンド（約5ｔ）のキングサーモンを押収するとともに、22名のユピックを起訴した。これらは、先住民族の生存漁労や食料安全保障をめぐる政治的ニュースとして、全米で大きく報道された。

生存漁労を支持する世論に応え、起訴された者の刑罰は、警告や100ドルの罰金など最小限のものにとどまった。しかし起訴された22名中11名は罪を認めず、裁判に臨んだ。そして公判において、彼らは自分たちの漁労は伝統的世界観に基礎付けられた活動、Ellam Yua（生きとし生けるものすべてを統べる存在）への畏敬を表現すべきだという伝統的信念に基づく活動だと述べ、アメリカ合衆国憲法の認める「宗教の自由」を行使したにすぎないと主張した。これに対し、アラスカ州政府は、禁漁期間の設定は、連邦政府との

連携のもと、キングサーモン溯上数減少という深刻な状況の中で、種の保存を最優先事項とみなした措置であると述べ、厳格な漁労規制を正当化する主張を展開した。

この裁判では、先住民族の主張が認められた。ここで重要なのは、裁判官が漁労を信仰に基づく活動と認めた点である。裁判官は、アラスカ州によるキングサーモンの保存は宗教実践に優先されると述べ、生存漁労規制の必要性を認めつつも、州政府はユピックの宗教の自由を考慮に入れて生存漁労規制をすべきだったと発言したのである。州政府は、この判決を不服として控訴した。

この一連の出来事は、先住民対政府、野生動物管理と先住民の権利、在来知と科学的知識の問題として、多くの注目を集めた。アラスカ州知事は、キングサーモンの生存漁労に関する緊急事態宣言を発令し、地域住民への給付金や、鮭の溯上数の激減を究明する大規模な研究資金を計上した。また国会議員とそのスタッフがこの地域で公聴会を開き、連邦政府として何ができるかを検討した。

（2）キングサーモン漁労の緊急事態宣言からみえた課題

2012年の出来事は、クスコクイン川の生存漁労に関する連邦政府、州政府、地域住民の協働管理体制、種の保存と先住民の伝統の保全について大きな課題を残した。

第一に、この事態は地域住民の食料保障に大きな打撃を与えた。キングサーモンの溯上期間は2週間とされる。しかしこの年は、結果的に36日間の漁業規制が敷かれたので、キングサーモン以外の鮭の生存漁労も限られたため、流域全体の漁獲量は例年の25％にとどまった。

第二に、協働管理に関与する連邦政府、州政府、地域住民の権力構造における位置づけや三者の人種へのあり方の違いが、鮭溯上数減少にともなう措置の責任の所在を曖昧にした。まず前提として、連邦政府は先住民族の存在を承認している一方で、州政府は慣例に従って先住民族の存在を承認してい

ないという違いがあるため、先住民は州政府よりも連邦政府に好意的な傾向
がある。また連邦政府は緊急時における、地域住民による生存狩猟・漁労の
優先性を認める一方で、州政府はそうした優遇措置を認めていない。さらに、
南西アラスカの生存狩猟・漁労管理を担当する連邦政府職員の大半が先住民
ユピックであり、地域住民である。他方、南西アラスカを担当する州政府職
員は主に白人男性で、ほぼ全員アラスカの都市アンカレッジかフェアバンク
スの住民である。彼らが南西アラスカに滞在するのは、５種類の鮭の遡上シ
ーズンの３ヶ月のみである。そうした状況の中、今回の漁労規制は連邦政府
の意向が優先された結果だったものの、それを発令したのは州政府だった。
さらに違法操業者を逮捕拘束したのは連邦政府所属の警察官だったが、地域
住民はそれを連邦政府による取り締まりと正確に認識できなかった。その結
果、地域全体で「全て州政府が悪い」という共通認識が生まれてしまったの
である。連邦政府による対先住民政府戦略で、州政府はうまく利用されてし
まったとも考えられる。

　第三に、生物学者の認識として、在来知では野生動物管理ができない、と
いうことも再確認された。例えば、いつも漁労を行っている領域でキングサ
ーモンが例年通りの数が観察されると、人は「遡上数は例年通り」と認識し、
規制への反対を主張する。しかし川の流れ方や風の方向によって、たまたま
そこに鮭が多く泳いでいるところに偶然居合わせた可能性は否定できない。
また、下流、中流、上流では、鮭や川の生態系、漁労に関する在来知や伝統・
文化なども大きく異なる。在来知と一言で言っても、それは限定的な、特定
の領域についての知識であり、クスコクイン川流域を包括的に理解した知識
ではない。そのため特定の流域に住む人たちは、その地域の鮭の生態や在来
知はあるが、他の流域や流域全体を通しての鮭の生態、他の流域で一般的な
鮭漁に関する伝統などは知らないことが多い。

　第四に、クスコクイン川流域の先住民族たちは、常に「一つの声」がある
わけではなく、意思決定に様々な調整を必要とした。例えば、クスコクイン
川は、下流に多くの人々が住んでいるため、下流で多くの魚を獲れば、当然

上流の分は少なくなる。また、先住民族のユピックとアサバスカンは、異なる言語と文化を持つ異なる民族なため、歴史的に何度も争いをしたことがある人々だ。漁労の規制についての議論は、常に下流と上流の資源へのアクセスの平等が重要だった。さらにクスコクイン川流域には、先住民以外の人々も多く住んでいるが、彼らの権利は多くの場で語られなかった。

　第五に、2012年のキングサーモンの違法生存漁労をめぐる裁判では、先住民の宗教観を含む生態学的知識は、政治を動かすことを証明した。2013年は、2012年よりも低いキングサーモンの遡上数だったにもかかわらず、野生動物管理局によるクスコクイン川の生存漁労に関する規制はなかった。

　このような問題を抱えながらも作業部会と政府関係者の協働に向けた模索は依然として続いている。キングサーモンの遡上数は、これからも低くなると予想されるため、種の保存と先住民の伝統の保存へのバランスをめぐる挑戦はこれからも続く。

6　在来知の活用と社会的レジリエンス―課題と展望―

　ここで本章における「在来知」について、整理したい。この章では、米国アラスカ州の野生動物管理における政府研究機関と地域住民の協働と、政策や裁判における先住民族の在来知の活用について、南西アラスカのキングサーモンの減少による緊急事態宣言を例と共に検証した。

　在来知を、人々が自然のみならず社会環境との関わりを通して形成・蓄積してきた知識と定義すれば、クスコクイン川流域に住む先住民族のユピックやアサバスカンの持つ伝統的生態学的知識や科学的知識だけでなく、政治や司法の場面で彼らが用いた「先住民」ならではの発言や戦略もまた在来知ということができるかもしれない。また、民族に関わらず、クスコクイン川流域全体の住民やアラスカ州民が持つ知識も在来知と言えるし、アラスカ州政府の野生動物管理局、米国連邦政府研究機関の研究者たちがもつ知識も、広義では在来知と認識されるかもしれない。

正直なところ、私は在来知という概念を適応する領域をこのように拡大することにさほど積極的な意義を見出していない。そうした試みが在来知という概念の存在意義自体を突き崩し、知識一般を指し示す言葉と同義の言葉として取り扱われることを憂慮するためだ。しかし、ここでは、南西アラスカに住む先住民族・ユピックで共有されている政治的戦略と社会的レジリエンスについて、在来知をより広い領域を射程とする言葉と捉えることで、あえて考えてみよう。

　2012年の鮭遡上数激減をめぐる問題の中で、クスコクイン川流域に暮らすユピックは違法操業を組織的に実施することで政府による漁労制限に対して異議申し立てを行った。注目すべきは、こうした組織的かつ実力行使を通した抵抗運動は、これ以前にもこの地域の別の河川流域に暮らすユピックによって実施されていることだ。2009年、アラスカ州最長河川であるユーコン川において、キングサーモン遡上数の著しく減少し、州政府の野生同部管理局は、厳しい生存漁労規制が敷いた。その結果、同河川下流にある村落の先住民政府の指揮のもと、6隻のボートが漁場に向かい、違法操業を実施した。

　またクスコクイン川流域で違法操業を行ったユピックたちは「宗教の自由」を主張することで自らの漁労実践を正当化しようとしたが、こうした主張は生存狩猟・漁労の違法性が問われる裁判のなかで一般的に先住民が用いる、実効力のある言説でもある。本章で取り上げた裁判でも、先住民族出身で、この地域の先住民と政府に関する裁判を専門とする弁護士や、ユピックを研究する人類学者が、宗教的実践としての漁労というユピックの主張を支持している。また、アラスカ州政府は、先住民族による文化教育、葬儀、ポトラッチなど宗教的儀式を目的とした、狩猟解禁期以外の大型野生動物の生存狩猟を特別に認めている。

　2012年の一連の出来事を通して、クスコクイン川流域住民は生存鮭漁を実施する権利の獲得に成功した。しかし科学的調査結果を踏まえた場合、日々の生活や伝統を優先させたことは、種の保存を脅かす行為でもあったことが明らかである。繰り返しになるが、2012年のクスコクイン川流域では、キン

グサーモン以外の４種類の鮭は大幅に減少しておらず、ヘラジカなど大型野生動物の数は潤沢だったので、食糧危機という状況は考えられなかった。持続可能性を考えれば、たった１シーズン、種の保存のためにキングサーモンの生存漁労を規制することは、理不尽ではなかったはずだ。

　ユピックは、溯上数に応じた漁労規制の実施を容認してしまうことが、将来同様の事態が生じた際に、より厳しい生存漁労規制を正当化する根拠とされてしまうことへの恐れを、抱いていたのかもしれない。しかし、果たしてこの事例の中で彼らが行使した先住民としての権利、アメリカ国民としての権利は、生物的多様性や民族伝統たる鮭漁の未来を犠牲にしてまでも主張すべき事柄だったのかについては、どうしても疑問が残る。

　一連の緊急事態宣言をめぐる出来事は、先住民としての権利や文化を守るための政治的知識をもとにしたレジリエンスと、持続可能な社会のために種を保全するための科学的知識のバランスが問われる出来事だった。

おわりに

　現在生存漁労を行なうアラスカ先住民たちは、外部からもたらされた長期にわたる大きな社会変化を生き抜いてきた人々の末裔である。南西アラスカは、資源が少ないと考えられたため、外部者の移住が遅い地域だった。それでも20世紀初頭に、毛皮交易の開始、布教活動の展開、交易所の設置、キリスト教の布教、野生トナカイの減少による飢饉、疫病による人々の大量死、同化政策、鉱山開発などを経験した。

　こうした社会変化の中にあっても、彼らは依然として伝統的な価値観に基づく生存狩猟・漁労を続けている。「我々にとって、変化は伝統だ」と古老は笑う。このような外部からの影響にさらされながらも、彼らは利用できるものを全て用いて、道を切り開き、新たにもたらされた要素を彼ら自身にとって必要なもの、経済的利益、伝統を守る手段へと変換してきた。同時に、彼らは、彼ら自身が何者であるかを特徴付ける、文化的な価値観や、それを

裏付ける在来知を維持し続けてきた。

　政府と先住民族は、それぞれが異なる主張を展開しつつも、連携を取るよう努力を重ねている。野生動物管理に関するこれまでの研究は、先住民族側に軸足を置き、政府との不均衡な力関係を考察する研究が多い傾向にある。しかし、先住民族が国民国家の周縁に位置付けられた存在であるのはおおむね事実であるにせよ、彼らが現代米国社会の資源管理をめぐる政治における役割は、きわめて大きい点も見逃してはならない。

参考文献

Alaska Department of Fish and Game. 2020. *Subsistence in Alaska: A Year 2017 Update.* http://www.adfg.alaska.gov/index.cfm?adfg=subsistence.main [Accessed 10 August 2020].

Brown, Caroline L., Hiroko Ikuta, David S. Koster, and James S. Magdanz, eds. 2013. Subsistence harvests in 6 communities in the Lower and Central Kuskokwim River drainage, 2010. ADF&G Division of Subsistence, Technical Paper No. 379.

Ikuta, Hiroko, Andrew R. Brenner, and Anna Godduhn, eds. 2013. Socioeconomic patterns in subsistence salmon fisheries: historical and contemporary trends in five Kuskokwim River communities and overview of the 2012 season. ADF&G Division of Subsistence, Technical Paper No. 382.

Ikuta, Hiroko, Caroline L. Brown, and David S. Koster, eds. 2014. Subsistence Harvests in 8 Communities in the Kuskokwim River Drainage and Lower Yukon River, 2011. ADF&G Division of Subsistence, Technical Paper No. 396.

Ikuta, Hiroko, David M. Runfola, James J. Simon, and Marylynne L. Kostick, eds. 2016. Subsistence harvests in 6 communities on the Bering Sea, in the Kuskokwim River drainage, and on the Yukon River, 2013. ADF&G Division of Subsistence, Technical Paper No. 417.

Nadasdy, Paul. 2003. Hunters and Bureaucrats: Power, Knowledge, and Aboriginal-State Relations in the Southwest Yukon. Vancouver: UBC Press.

Runfola, David, Hiroko Ikuta, Andrew R. Brenner, James J. Simon, Jeff Park, David S. Koster, and Marylynne L. Kostick. 2017. Subsistence harvests and uses in Bethel, 2012. ADF&G Division of Subsistence, Technical Paper No. 393.

第5章

ライフスタイル変革のための価値観の転換と在来知の活用

三橋　正枝

1　はじめに

　我々の暮らしを取り巻く地球環境問題への対応が世界的に急務となっている。様々な技術進歩に伴い、身近にあるモノの製造工程や素材が置き換わった。高度経済成長で機械化が進み、木や紙などの素材で作られていたものが、形成し易いプラスチックなどの石油由来製品に置き換わり、安価かつ大量にモノが作られるようになった。それと同時に人々のライフスタイルも安価で利便性を求めるように変化した。産業構造と暮らし方の変化により、多くの地下資源が消費され、多くの二酸化炭素を排出した結果、今、地球温暖化という課題が浮上している。また安価にモノが大量生産されたことにより多くのモノが地球上に溢れ、さらに利便性を重視した使い捨て概念の普及で廃棄物が増加し、その一部が適切な処理ルートから外れたことで自然界に流出し、海洋ゴミ問題の原因となっている。そして、これらの産業構造変化の裏側で、今まであった多くの手仕事が姿を消し、美しく繊細な職人の技も消えつつある。日常の暮らしの中で当たり前にあったモノづくりも忘れられようとしている。地域の職人は生産者から消費者へ変わり、地域にあった収入源は都市へ流出する方向に変化した。その結果地域の労働世代は都市部へ流れ、過疎に繋がった。

Key Word: ライフスタイル、ワークショップ、価値観の転換、楽しみに変える、　心の豊かさ

また、人々は共に助け合いながら暮らしてきたが、時代ともに社会に様々なサービスが現れ、お金を支払い解決する方向へ進みそれに依存するようになった。この依存体質は、本来あるべき能力を低下させるだけでなく、お金の介入により、互いに助け合うという思いやりの視点やその価値観を消滅させ、サービスに対する責任を問うことを重視する価値観を増強させた。心の豊かさは見失われ、新たな社会的課題を生み出している。持続可能な社会の構築に向けて暮らし方を見直すと共に、この価値観を転換することも、レジリエンス向上に必要な要素であると考える。

　これまで、ライフスタイル変革を促すために、様々なワークショップやイベントを企画し、実証試験を繰り返してきた。本章では在来知を活用したワークショップ等による、価値観の転換やライフスタイル変革への可能性について考察したい。

2　ライフスタイル変革とワークショップ

（1）ライフスタイルの変化と在来知の伝承

　かつての暮らしには、様々なモノを自ら作り出し活用する暮らしが存在した。現代のように便利なモノがそれほどなく、また簡単にモノが手に入る状況になかったため、モノを手仕事として自ら作る必要があった。藁草履を夜な夜な作った話はよく耳にする。しかし戦後の高度経済成長期における産業の発達と、それに伴う貨幣とモノの価値の関係や働き方の変化とともに、多くの人の暮らし方が変化した。それらの変化は貨幣経済に主軸を置いた暮らしの形への変化であり、そのための経済活動により多くの時間をより効率的に割り当てる暮らし方に変化したのである。さらにその変化に合わせ、経済活動の効率性の向上を助長するためのサービスや商品が生み出され、消費形態および消費に対する価値観も変化した。そこで生み出されたのが使い捨ての消費文化である。結果、大量の廃棄物が排出され、それらが焼却処理されれば二酸化炭素等温室効果ガスの排出量は当然増える。しかし経済活動を重

視する社会は、便利で手間がかからない、衛生的といった良い面を表に出すことで、それらの消費行動は正当化され、環境問題には蓋をした。また、使い捨ての消費文化は安価かつ大量に生産することが必要となる。従来、木草などの自然資源で作られ、その地域で消費されていたものが、形成しやすいプラスチックなどの石油由来製品に素材が置き換わり、それらが大規模工場で大量生産されるようになった。この産業構造の変化により製造拠点から各地に製品が輸送される物流を伴う消費社会が出来上がり、より多くのエネルギーが消費されるようになった。このように生産から消費まで、すべての過程で多くの二酸化炭素が排出されるようになった。

　今、我々は持続可能な社会に向けて社会のあり方を見直す必要がある。かつての暮らしには様々なモノを手仕事で自ら作り出す暮らしが存在した。今後、エネルギー問題や資源の枯渇など地球環境問題がさらに進んだ時に、我々はこの在来知を活かした暮らし方に変わるのが最善策であると考えられる。しかし、産業構造と消費行動の価値観の変化で、これらが家庭で作られなくなり、作る技術も不要なものとして伝承されなくなったため、現在多くの人々はこれらの在来知の技術を持ち得ない環境で暮らしている。また技術だけでなく、文化や価値観も同様に消えつつある。それらの消えつつある価値を抽出し整理したのが、本書第1章の古川柳蔵氏らによる「44の失われつつある暮らしの価値」（以下、「44の価値」）である。

（2）ワークショップの設計と在来知

　現代の地方の暮らしには、これらの在来知を活用した暮らしの一部が現在も残っているものはあるものの、それらの価値を体験する機会が減っている。そこで、2015年より実施していた「未来の暮らし方を育む泉の創造」プロジェクト[1]研究の一環で、古川柳蔵氏と共に「44の価値」を組み入れた3回構成のワークショップを企画し、小学生とその保護者を対象に価値観の転換が起きるポイント等を測る実証試験を行った。今回、本書にはそのワークショップの設計と意図について記したい。

1回目のワークショップには「44の価値」にある「16.　何でも手づくりする」を主な目的に設定した。冒頭、環境問題に関する座学を少し実施したあと杉板でまな板を作り、持ち帰って各家庭で使ってもらう。数か月間家庭で使用したまな板を2回目のワークショップに持参し、サンドペーパーで磨きなおして綺麗にする。ここでは「17.　直しながらていねいに使う」を主な目的としている。さらに数か月使用した後、3回目はそのまな板を切り刻み、別のものに作り変え、素材を「18.　最後の最後まで使う」という目的を付加した。

　まず、第1回に杉板を配布するが、本ワークショップで作るまな板は四角のまな板より少しお洒落な形にすることで保護者が喜ぶ形にした。大切に使わせるためにも手にすることが嬉しくなるようなデザインの工夫は重要である。ワークショップでは3種の紙やすりでつるつるに磨き、途中トリマーで淵どり丸みを持たせさらに磨く。磨き上げたらバーニングペンでオリジナルの模様を入れる。模様を考えるのもあれこれ悩み考え、親の意見を聞きながら自分だけのオリジナルのまな板を作る。世界に一つしかない特別感のあるまな板が完成する。

　ワークショップ開催時、教員や保護者など多数の方から子どものワークショップで何故まな板を作るのか尋ねられた。ブックスタンドや子ども自身が使うものを作るのが最適という価値観が、多くの大人に定着しているようである。まな板を本ワークショップのアイテムとして選択した理由は、まず、普段の生活でほぼ毎日使うものであること、そして家族が使うものという観点から選定している。例えば、ブックスタンドは本を並べてしまえば毎日使うこともなく棚の上で埃をかぶり、その存在を忘れられることも多い。子ども自身が使うものであれば、自分の為に作るものでしかない。本ワークショップでは、先に書いた3つの価値に加え、両親や祖父母に使ってもらうことを想像させ「31.　家族を思いやる」気持ちをもって作る。そして、自分がまな板を作ることで「32.　みんなが役割を持つ」意識が育まれ、そのまな板が家族の役に立つことで、家族の一員として自分の存在意義を自己認識し、子

どもの嬉しさと自信につながってゆく。保護者には家庭で意識してまな板を使い、子どもに使いやすいことや気に入っていることをどんどん表現するよう伝えるが、子どものみ参加の会場では保護者にそれらが伝わらず、２回目の直すワークショップに全く使っていない綺麗なまな板を持ってくる子どもがいることもあった。まな板は当然使うことで包丁の傷がつく。しかし傷ついたまな板を見ながら、子どもらに悲しいかと問いかけると、「お母さんが使ってくれた証拠だから悲しくない」と答えるのである。一方、美しい状態のままのまな板を持参した子どもらは、悲しい顔で「お母さんが使ってくれなかった」と言う。子どもの作ったものを傷つけたくない思いから、まな板を使わず置いておきたい親心は理解できるが、冷静に子どもの気持ちを考えると、どちらが好ましいかは判断できるはずである。

　このように、作るアイテムを変えるだけで、「44の価値」にある「16．何でも手づくりする」「17．直しながらていねいに使う」「18．最後の最後まで使う」という当初の３つの目的である価値から心の豊かさにつながる価値に派生し、さらに他の価値を伝えるという効果も現れる。例えば、抗菌作用を持つ杉板の特徴から「２．自然を活かす知恵」、トリマーで淵に段差を付けることにより、表面張力を活用したこぼれにくい構造を学び「19．工夫を重

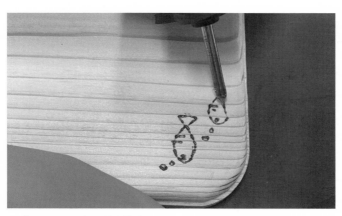

写真5-1　まな板に絵を描く

ねる」など、多岐にわたる在来知の価値を学ぶことが可能となる。

（3）まな板が暮らしを変える

　完成したまな板を家庭で使用したときに起きた子どもの変化について、保護者から多数の連絡を頂いた。例えば、今までは夕方のテレビ番組に没頭し、夕食準備をしている母など気にも掛けなかった子どもが、このまな板を使うようになってからは、料理する母に近づき「お母さん、僕の作ったまな板、使いやすい？」と話かけに来るようになり、子どもとのコミュニケーションが増えたという。他にも今まで料理の手伝いなど一度もしたことの無かった子どもが手伝いをするようになった、朝食を自分で作ると言い出した男の子など、子どもに変化が現れた事例の報告を受けた。少なくとも複数の子どものライフスタイルや価値観が、まな板づくりを通して変化したのである。変化があったのは子どもだけではない。参加した保護者の一人からは、「今までプラスチックのまな板しか使ったことがなく、今回初めて木のまな板を使いました。野菜がざくざく切りやすく、魚が滑らないということを始めて知りました。もうプラスチックには戻れません。」という報告もあった。地下資源を使う暮らしから地上資源を使う暮らしへと、ライフスタイルが変化した事例である。

（4）想像力を伸ばすことと平等な扱いの境界

　昔は着物が古くなれば、ほどいて別のモノに作り変える暮らしがあった。最後はおむつや雑巾になり、モノを無駄にしない工夫がされていた。第3回のワークショップでは、作ったまな板をプラマーソーで切り、別のものに作り変え、「18. 最後の最後まで使う」という価値を体験してもらう。当初こちらで準備した図面があった（**図5-1**）。まな板の原板に、第3回の切り刻む為の図面をバーニングペンで入れて配布したクラスと、その準備が追い付かず図面を入れないものを配布したクラスとに分かれ、条件が異なる状況になってしまった。しかしそれが面白い結果を生み出した。図の無い板を配布

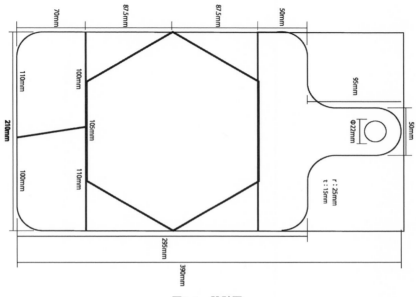

図5-1　設計図

したクラスは、まな板からクリスマスツリー、ギター、お人形の家など、様々なものが作り出された。しかし、図面を描いた板を渡したクラスの子どもらは、線を無視して自由に切っても良いと言っても、線の通りに切るのである。そしてこの線のあるクラスでは、線の通り切るため、問題も起きず穏やかに黙々と作業が続くのに対し、線の無いクラスでは何を作ればよいのか思いつかず、出来ないといって泣き出す子が何人も現れたのである。

　現代の教育において様々な便利なキット教材が存在するが、それらは穏やかに便利にモノを作り学べる半面、子どもの想像力を削いでいることも否めない。教育現場において様々な見解があり、どちらが正しいとは判断できないが、泣いた子どもらに図面を紙で渡し、僅かなサポートを加えるだけで、最後は何らかのものを完成させ笑って帰っていく。これらの状況を考えると、一律に同じレールの上で学ばせることにも疑問が残る。また、昔はこれらのキットがない分、「19. 工夫を重ねる」ことが日常の暮らしの中に求められ、

考える機会が多くあったと思われる。今は多くのことが、貨幣経済社会のサービスの中に取り込まれ、考えなくても暮らせる、工夫がなくても暮らせる便利すぎる世の中になってしまっている。工夫をすることの楽しみをこのワークショップでも体験できるとよいと考えている。

（5）楽しみと心の豊かさ

　本ワークショップは2017年に実証試験として集中的に実施した。実証試験終了以降はワークショップを開催する機会が減っていたが、つい先日、秋田県湯沢市の秋ノ宮地域にて地域のNPO法人主催イベントとして実施した。今回はこれまでの実証試験とは異なるため、作ったまな板を大切に長く使ってもらうことを目的とし、作り変える予定はない。8月の開催であったこともあり、夏休みの宿題である工作にと参加してくれた家族もあった。2017年の実証試験で実施した際は、子どもが全て作ることを条件にしていたので、保護者が手を加えることを極力お断りしていたのだが、今回は親子が共同作業で作るワークショップとして開催した。一緒に作ることで互いの嬉しさも増す。ワークショップを終えたその日の夕方、さっそく参加者から、娘と一緒に作ったまな板にビールのつまみを乗せ、トレイとして活用している写真

写真5-2　親子で作ったまな板

と共に「今日のビールは特別にうまい！」とメッセージが主催者の元に届いた。写真を添えたメッセージや参加者のこのような言葉は、主催する側の心の豊かさにもつながる。

　楽しいワークショップは沢山あるが、このように、モノを作るワークショップでも、作ることや木に触れることだけを目的にせず、その背景やそれらが生み出す価値をじっくり考えて設計することで、様々な効果を生み出すワークショップが出来上がる。モノを作る楽しみに加え、家族を思いやる気持ち、家族から必要とされる喜び、自分の存在意義を再認識し心の豊かさが増す。そして、直しながら使う、最後の最後まで使うことで、様々な資源に対する価値観、環境に対する価値観も転換していく。この心豊かな価値観がなければ環境問題をはじめ、様々な課題に向き合うことはできない。「44の価値」には、暮らしに必要な知恵以外にも、豊かな心を醸成する在来知が含まれており、それらを組み入れることでワークショップから得るものの幅が広がる。イベントに参加する楽しさも重要であるが、ワークショップを一過性の楽しいイベントに留めず、もう一歩踏み込んで企画設計することで、豊かな心を育むさらに価値のあるワークショップになるのではないだろうか。

3　ライフスタイル変革へ向けて―秘密基地プロジェクト―

（1）社会の変化に伴う依存体質

　1990年代後半からインターネットが一般社会に普及すると、情報の伝達手段や速度が変わり、様々な情報が手軽に手に入るようになった。それに伴い様々な事件も見える化されるとともに犯罪も生み出した。そしてこれらの技術を用いた安心安全を謳うサービスが普及し、子どもの周りにある危険を排除する動きが加速した。不審者情報を配信する仕組みが世の中に現れた当時、子どもらの勘違いによる誤報も多かったが、未然に防止するという観点から、誤報であろうが危険情報として情報が精査されないまま流されることも肯定された。一方、その動きは人々の不安を煽り異常な警戒心を高め、さらに様々

なものが排除されるようになった。子どもの遊び場は制限され少なくなり、学校によっては予期せぬ事態に備え、校庭も放課後の遊び場として提供しない学校が増え、授業が終わればすぐ帰宅するようルールが変えられた。このように本来、排除すべきでないものまでが排除されてしまう時代となったのである。

そして、これらの社会構造の変化に伴い、安心安全に関わる多くのサービスが貨幣経済の中で有料提供される社会へと変化すると、あらゆる場面において互助の概念が薄れ、お金で買うサービスや他人に依存する傾向が増した。その依存体質は時には自らを危険にさらすことになるが、それに気づくどころか依存度は高まる一方である。さらに有料提供されるサービスにおいては、感謝の気持ちは疎か、サービスに対する対価の支払いを通り越し、お金を払う以上きっちり提供されて当然であるという対価に対する完全なサービスを求める意識が人々の間で定着し、心の豊かさが薄れていった。

しかし、どれだけ技術が進化しても、どれだけ新たなサービスが生み出されても、犯罪をはじめ社会に潜む様々な危険は新しい形でどんどん生まれ、決して安心安全な社会に進化したとは思えない。むしろ、依存症が生み出す危機回避能力の低下と心の豊かさの減少により、もっと危険な状態を作り出していると筆者は考える。

（2）秘密基地を作ろう

多くの昭和生まれ世代の人々は、多少の怪我など気にもせず野山や空き地、学校の校庭を走り回って遊んでいた。そういった環境下では時にはハッとする事象に遭遇しつつも、自ら危険を判断し回避する能力を徐々に備えたものである。しかし今ではそのような状況も排除し、場所にも近づけず、危険を回避する能力を備える機会がなくなった。

前述した「未来の暮らし方を育む泉の創造」プロジェクト対象地域の岩手県北上市の保護者の方より、最近の子供たちは学校が終わり下校すると、各自の家からインターネットを介したオンラインゲーム上で、3時に集合して

写真5-3　秘密基地

遊んでいるという話を伺った。そこで、北上市では子どもの遊び場を作ろうというテーマでお父さんたちによる「秘密基地プロジェクト」が始まった。秘密基地はお父さん世代には懐かしい響きの言葉である。

　小学校横の林を借り、みんなで幾度も話合い、手作りのツリーハウスを作ることになった。作り始めると大人も楽しくなったようで、どんどん団結し進化していった。石を取り除き、おがくずを敷き詰めてなるべく怪我をしにくい状況を作る工夫も入れた。秘密手帳を作り、遊ぶ時の約束など注意事項などを子どもに伝える仕掛けも準備した。秘密基地で遊ばせるときは保護者も交代で見守り当番を担う。それが大人同士の繋がりも深め、普段の遊び場だけでなく、みんなで集まる様々なイベントも企画された。時には子どもたちと秘密基地内で使うテーブルやいす作りを一緒に楽しんだ。その時、あるお母さんからの意見で、自分が子どもに教えることができなかったプラマーソーの使い方を、この秘密基地を通して他のお父さんたちに教えてもらうことができ、地域で子どもを育てることの大切さを知りましたという意見があった。これはひとつの家庭生活だけではない、社会にとって非常に重要な価値である。

　またお母さんらも参加して、秘密基地で流しそうめんや芋煮会も実施した。

食事を伴うイベントは、お母さん達の活躍の場にもなる。そしてある家庭では、秘密基地で作るメニューが「基地ご飯」と名付けられ、食卓に登場する機会が増えたそうである。子どもの嫌いな食材も「基地ご飯」になると好き嫌いがなくなるそうだ。それもまた面白い価値である。

　この秘密基地で遊ぶ子どもらにも様々な変化があった。ゲーム機を置いて遊ぶようになったことや、最初は怖がって登れなかったツリーハウスも、1時間もすれば平気で遊べるようになる。落ちることを回避する能力も身につき、大きな怪我をした子どもはいない。

　この秘密基地プロジェクトには、ざっと挙げるだけでも、「1．自然に寄り添って暮らす」「2．自然を活かす知恵」「8．野山で遊びほうける」「16．何でも手づくりする」「17．直しながらていねいに使う」「22．助け合うしくみ」「19．工夫を重ねる」「24．つきあいの楽しみ」、そして「42．ちょっといい話」という多くの価値が潜んでいた。そして、毎年この秘密基地を自分たちで整備して、次の世代に引き継いでいく活動も継続している。

4　楽しみに変える―洞窟冒険ツアー―

（1）わくわくする遊びのイベント

　これまで、暮らし方の変革を目指した様々なイベントを企画し実施してきた。「未来の暮らし方を育む泉の創造」プロジェクトの対象地域のひとつである鹿児島県の沖永良部島での事例を紹介したい。

　沖永良部島はサンゴ礁が隆起してできた島である。そのため島には数多くの洞窟がある。洞窟の一部は戦時中防空壕として使われたりしていたが、ゴミが投げ捨てられる場所にもなっていた。戦前の暮らしでは紙や木材、木綿などの自然素材が生活用品の主であったため、多少のゴミは土に還り問題はなかった。ところが戦後それらの素材が石油由来製品に置き換わったことで、簡単に土に還らず洞窟内にゴミが増えていくようになった。素材が置き換わったことによる弊害である。地域の高齢者の話では、昔はよく洞窟で遊んだ

写真5-4　洞窟冒険ツアーの様子

が今では危険な場所として人が入らなくなり、次第にゴミが増え荒れてしまったそうである。そこで、ある集落の区長さんから昔からよく遊んだ洞窟を、遊び場として蘇らせたいとの相談を受け、イベント企画に着手した。

　この島には遊園地はない。しかし遊園地の偽物とは異なる、迫力のある本物のジャングルがその洞窟へ続く。洞窟冒険ツアーの始まりである。

　まず子どもがワクワクドキドキしながら参加できるストーリーを作り、アトラクションのように楽しんでもらえる仕掛けを企画した。地元の高校生扮する隊長の掛け声に合わせてみんなで洞窟の奥へ進む。途中どんな危険が迫ってくるかわからない。頭上で鳴く鳥は野生そのものである。ようやく辿り着いた洞窟の奥には妖怪が潜んでいた。妖怪は荒れはてた洞窟に光を取り戻すため、子どもらに７つのミッションを与える。「ここにゴミがある理由を７つ答えろ」、「自然と７つの約束をせよ」「最後にゴミをひとつずつ拾って帰れ」という具合である。子どもらは楽しみながら参加し、自然に触れながら環境問題を考えるという筋書きである。島の子どもらは普段このようなエンターテイメントに生で触れる機会は少ない。環境問題やゴミ拾いもこのような工夫を施すことで、苦痛ではなく楽しみに変わる事例である。

（2）ゴミ拾いに別の目的を付加する

　沖永良部島はもう一つ大きな課題を抱えている。海岸に漂着するゴミ問題である。日本に限らず各地の海岸で問題になっているが、この島も例外ではない。特に台風等の荒天のあとは多くのゴミが漂着する。その大半は自分たちが捨てたゴミではないが、この島では多くの大人や子どもがビーチクリーンに参加する。やはり綺麗な海を眺めたいのは誰しも同じである。またマイクロプラスチックになる前に、なるべく拾い集めたいのがプラスチックゴミである。しかし、拾っても拾っても終わることはない。そこでビーチクリーンを学び場に変えるイベントとして、英語でビーチクリーンを企画した。小学生が対象であるが、中学生や大人も参加してくれた。拾ったゴミを英語で表現し、これは何？グラスボトル。というように英会話の先生とひとつずつフレーズを覚える。子どもらは初めて知る単語に興味を示し、どんどんゴミを拾い集め、新しい単語を習得していく。

　イベント終了後に子どもに感想を聞くと、「自分達がこんなに海を汚してしまってだめだなあと思って、そのゴミを英語で楽しくしながら掃除ができるなんて面白いなあと思いました。」「ゴミなどを取るのは大変だったけど、

写真5-5　ビーチクリーンの様子

英語の勉強ができて良かったです。たまにはゴミをとって、家に持ち帰り分別して捨てたいです。」と英語を学ぶことだけでなく、環境問題にも意識が向いているのである。これもまた、環境問題への取り組みを楽しみに変えるひとつの手法である。拾い集めたゴミは氷山の一角でしかない。しかし、新たなゴミを増やさないための意識を持つきっかけになったことであろう。

　そしてここには、「1．自然に寄り添って暮らす」「8．野山で遊びほうける」「12．自然物に手をあわせる」「22．助け合うしくみ」「24．つきあいの楽しみ」「27．祭りと市の楽しみ」「32．みんなが役割を持つ」「42．ちょっといい話」などの価値が含まれている。

5　政策と在来知の活用─鹿児島県和泊町の未来のビジョン─

（1）地域の暮らしと社会の変化

　産業構造の変化と消費行動に関する価値観の変化は、各家庭での暮らし方と地方の存続にも大きな影響を及ぼしている。産業構造の変化により地方にあったものづくりという小さい産業が消え、生産者であった人々が消費者へと変わっていった。地方の収入源になっていた仕事の多くは都市部にある企業の進出で減少し、それに伴い地方の労働力層は都市部へ移り住むようになった。地方は高齢化が進む一方で、消滅可能性自治体という言葉が意識されるようになった。地域が存続するためには、地域の小さい産業と消費行動に関する価値観の両方をもう一度見直し、転換する必要がある。

　2019年、和泊町は総合振興計画を策定する年度であり、そのアドバイザーとして筆者も参加した。複数の分科会でSDGs（持続可能な開発目標）を根底に置き、各分科会のテーマに応じた未来のライフスタイルを描き、それを実現するための取り組みを議論した。そして、全部で7つの新しいプロジェクトが描かれた。その中から在来知を活用した暮らしを実現するための2つのプロジェクトを紹介したい。

（2）みへでぃろプロジェクト

　鹿児島本土から遠く離れたこの島では、貨物は主に船により輸送される。夏から秋にかけて、台風で数日にわたり船が欠航することが起きる。地球温暖化が進むと台風が大型化することや、熱帯低気圧の移動速度が遅くなる研究結果の報告もあり、日本付近に接近した際にその影響を受ける期間が長くなる可能性が指摘されている。現在のような輸送に頼る暮らしでは食料品等物資不足の懸念が高まる一方である。加えて島外から輸送されてくる物資は、輸送コストもかかるため価格も高価で、今後エネルギーが高騰すればさらに価格に影響が出ることが考えらる。しかし、日用品から食料品まで多くの物資は島外からの輸送に頼っており、島内だけでは人々の生活が成り立たないのが現状である。そこで、これからの気候変動にも対応し、暮らしのレジリエンス向上を目指した「みへでぃろプロジェクト」が立ち上がった。「みへでぃろ」とは島ことばで、ありがとう、感謝の意味を持つ。島の自然の恵みに感謝をしながら島の資源を次世代へつなぐ生業へと進化させ、持続可能な島の暮らしを目指す。

　まず、島内自給率の向上を図り、地産地消を第一に考える。台風などで船が入港せず物資が届かないときも生命維持に必要な食糧を島内で生産できるようにする。家庭菜園の普及もそのひとつであり「4．食の基本は自給自足」という価値を持つ。島内にある自然資源をうまく活用する「2．自然を活かす知恵」の方法についても検討し、「5．てまひまかけてつくる保存食」も自然資源に応じた手法で確保できるようにする。

　当然、経済側面も重要になる。みんなが「35．いくつもの生業を持つ」ことができるよう、野菜や手作りのものなどを誰もが販売できる集いの場を作り、「38．小さな店、町場のにぎわい」を創出する。また島内での経済循環が成り立つ生産消費環境の定着を促すため、持ち寄り市などのイベントも開催し「27．祭りと市の楽しみ」から小さい商いを掘り起こす。さらに、これらの過程において、子どもたちが農業やものづくり等に触れるきっかけを作

り「34. ともに暮らしながら伝える」ことで、生産することへの好奇心や人
とのつながりなど「24. つきあいの楽しみ」を引き出すことを思い描いたプ
ロジェクトである。

（3）みじらしゃエリアプロジェクト

　一人暮らしの高齢者が抱える課題は多々ある。買い物や通院、公共手続き
等、移動手段がないとできないことや、身体的な衰えによる日々の食事の準
備や家の掃除・洗濯への影響など、生活を維持することが困難になること等、
様々な懸念事項がある。さらに会話の減少や孤立、孤食や孤独死への不安も
あり、介護認定されていない人でも施設への入居を希望する人がいるのも事
実である。

　そこで役場周辺の空き店舗を活用し、希望する高齢者が共に助け合いなが
ら暮らせるエリアを作るアイデアが生まれ「みじらしゃエリアプロジェク
ト」が発足した。高齢者による運転事故が多発する社会背景も鑑み、町の中
心部にエリアを作り、様々なことが徒歩圏内で解決できる生活環境を提供す
る。「みじらしゃ」とは島ことばで楽しいという意味で、独居により会話が
ない淋しい暮らしから、みんなで集い楽しく暮らせるエリアという思いが込
められている。移住後に空いた家は、子育て世代や移住者に貸し出し、その
家賃収入で希望者が入居する。一カ所に集まり「30. 大ぜいで暮らす」こと
で一人暮らしの孤立を無くすことができ、同時に様々なサービスの効率化に
より、エネルギー消費の削減にも貢献できる。共同スペースでの食事づくり
などで会話の機会を増やし「24. つきあいの楽しみ」を感じることで、様々
な不安を軽減する。また、お互いの見守りも含め、「22. 助け合うしくみ」
のある生活環境下で健康寿命の延伸につなげ、高齢者が可能な限り自立した
生活を続けられることを目的としている。さらに、エリア内に子どもが集う
場を開設することで、多世代交流の機会を作り、伝統風習を「34. ともに暮
らしながら伝える」ことで、在来知を継承することも計画している。

　この二つのプロジェクトには、在来知が数多く活用され島の社会的レジリ

エンスを高めるよう、産業構造の変化を想定した政策が盛り込まれている。

6　在来知の活用と社会的レジリエンス―課題と展望―

　在来知には、多くのエネルギーを使わずに暮らしが成り立っていた頃の知恵が多く含まれており、それらをうまく活用することは持続可能な社会を作るにあたり有効である。しかし、暮らしの中でその価値を十分に活用するには、価値観の転換が必要である。一度定着した価値観を変えるのはなかなか難しい。価値観の転換にたどり着くには、無理なく実践できる形に変える必要がある。本章で事例にあげてきた取り組みは、楽しみ、遊び、学びなど、人々が無理なく受け入れることができる活用方法で実践した事例である。また政策においても、同様の方式による計画が有効と思われる。大人と子供では在来知への認識が異なる。大人は懐かしいと思う人もいれば、昔に戻るというネガティブなイメージで捉える人もいる。一方、過去に経験のない子どもにとって在来知は新しいものとして捉えられ、昔に戻るという概念がない。新たな事柄の習得であるため、大人が思うほど困難な価値観の転換ではない。それ故に、多世代で取り組むことも有効に働くと考えられる。

　また、近年これらの価値が比較的若い世代の中で評価され、広がりつつあると感じる機会が増えた。古いものが好まれ、それらが美しいものとしてイメージされることで洒落たものに価値転換する。その価値観は難なく受け入れられるものとなる。このように在来知に対する価値観の転換が進めば、持続可能社会へ向かうきっかけのひとつになり得るのではないか。

おわりに

　この章を執筆した2020年初夏より秋田県のある地域において、プロジェクトを開始したのだが、頻繁にその地域に通うようになり筆者自身にも様々な気付きがあった。毎回、帰りに直売所や道の駅で、その地域の食材を買うよ

うになり、この地域の豊かな自然環境で得ることのできる食材を新たに知った。普段スーパーで手にする食材のほとんどは、どこでも手に入る地域性を感じないものばかりで、更に使いやすいように洗われ揃えられ無駄にパックされているものが多い。自分で手間暇かけて下拵えする必要がないよう、ある程度処理が施されている。しかしこのような地域で頂くものや直売所に売られているものは、自然の姿そのままのものも多く、初めて目にする山菜やキノコの食べ方を教えてもらう。これも在来知の伝承のひとつである。

　先日、地域の高齢者に案内してもらい、山菜を採りに山へ行った。熊に遭遇しないか常に不安いっぱいで山菜取りは命がけである。採った山菜の葉っぱを外し揃えると、手元に残るのはわずか一束になってしまう。店で買えば値段がいくらであろうが、ものさえあればお金を払うことで簡単に手に入り、命がけという状況も知ることはない。しかしこれらの背景を知ることがなければ、金額の価値とは異なる奥深い価値を知ることはできないということを改めて認識した。

　また別の日に、小さい直売所に立ち寄った。そこで無造作に蔓ごとバケツに入れられた黒っぽい小さい実を見つけた。山葡萄である。ジュースやお菓子に加工されたものは見たことがあるが、そのままの状態のものは初めて目にした。声をかけると「それあげるよ」と、袋いっぱい詰めてくれた。家に持ち帰り、小さい実を一粒ずつ洗いながら丁寧に蔓から外し選別する。鍋いっぱいの山葡萄を下処理するのにも相当の時間がかかる。そして煮詰めて絞って、更に煮詰めてまた絞る。山葡萄の原液ジュースが高価な理由がよくわかる。しかし自分で施すこのひと手間が、この食材の価値をさらに上げるのである。買ったジュースは手間をかけることもなく飲むだけで終わるが、自分で絞った山葡萄の果汁は素材の価値に時間の価値が加わり、無駄にできない大切なものになる。また、親切心でもらったものを無駄にしたくないという気持ちも芽生える。人の顔が見えるものは、その人への気持ちがモノへの気持ちも左右する。生産者の顔が見えない街中の店で、貨幣で引き換えたものでは得ることのできない価値を多く含むのである。そして何より、一粒一

粒実を外して下拵えする時間が、とても心豊かな時間に思えたのである。

　持続可能な社会に向け、我々の目の前には様々な課題がある。しかし、その様々な課題を真正面から辛いものとして受け止めてしまうと、持続可能な社会からも遠のいてしまう。様々な課題を解決するためには、今までの価値観から新しい価値観へ転換しなければならない。例えば使い捨ての概念が定着した消費社会は今後資源の枯渇という側面から考えても続くはずはないが、今のままの価値観では、その状況を超えることができなくなる。

　それを超えるためには、豊かな心を育み、様々な制約を楽しみに変えていくことが重要である。環境問題に向き合うにも、自然や次世代を思う気持ちがなければ解決できない。レジリエンスの向上には、社会全体やコミュニティにおける互助的な要素がなくては実現できない。

　在来知は心の豊かさの上に成り立ってきたからこそ価値がある。そこに、これからの持続可能社会を形成するための要素が多く含まれていると考えられる。

注
（1）「未来の暮らし方を育む泉の創造」プロジェクトは、国立研究開発法人科学技術振興機構社会技術研究開発センター「持続可能な多世代共創社会のデザイン」研究開発領域　平成27年度採択プロジェクトです。

参考文献
古川柳蔵、バックキャスティングによるライフスタイルデザインとその実践、自動車技術、Vol.69 No.1、pp.24-30（2015）.

和泊町第6次総合振興計画（令和元年度策定）.

Munehiko Yamaguchi, Johnny C. L. Chan, Il-Ju Moon, Kohei Yoshida, and Ryo Mizuta, Global warming changes tropical cyclone translation speed, Nature communications, 11:47, pp.1-7（2020）.

第6章

地域から探るレジリエンスな暮らし
―ミクロネシアで出会う新しい価値観―

髙野 孝子

1 はじめに

　ミクロネシア連邦ヤップ州ヤップ島は今も石貨が使われることで知られる。サンゴ礁に囲まれた島はヤシの木で覆われ、人々の暮らしの基盤は今でも、サンゴの海で獲る魚と陸で育てるタロイモだ。しかしグローバル化の時代において、伝統社会は急速な変容の最中にある。米ドルを軸とした貨幣経済が浸透し、電気も車もWiFiもある。伴ってゴミも増え、川や土壌の汚染も進む。社会変化だけでなく気候変動によっても、生態系は大きく変わっており、人々の生存基盤である海産物が激減している。

　この中で、ヤップ島のある地域では伝統知を掲げて資源管理に乗り出した。そこでは、かつての暮らしに織り込まれていた教えを今に生かすという姿勢を、明確に打ち出した。伝統知は文化と同様、社会や時代の変化の中で変わっていくが、未来にわたって重要な本質を認知し、改めて取り上げようとしている。そうした伝統知や在来知を内外の人たちが体験的に学ぶことから、それぞれの人たちが持続可能な社会づくりのヒントを見つける可能性がある。

　世界中でわずか数世代前までは、水も食物も燃料も、暮らしの基本は人が動力を使わずに移動できる範囲で確立されていた。いつどこで何をどのよう

Key Word: ミクロネシア、環境保全、地域に根ざした教育、暮らし、価値観

に処理すれば、何が得られるという知恵と技がその地で育まれ、その上に文化が形成されてきた。

　本章ではヤップ島でのプロジェクトや教育プログラムを取り上げる。それらは、来訪者らが島での知恵と技を体験的に学びながら、個人としてコミュニティとして、生き方や暮らしをどのように再構築するかを自律的に考える入口となってきた。ここでは「地域」での「学び」を「暮らし」へつなぐ道筋を検討し、国際経済の指標では主流でない地域が持つ、社会的レジリエンスの文脈での価値を考察する。

2　ミクロネシア連邦ヤップ州タミル管区の試み

（1）ミクロネシア連邦

　西太平洋に広がるミクロネシア連邦は東西約3,200km、南北約1,200kmに及ぶ海域に600以上の島からなる（**図6-1**）。4つの州の中でもっとも西に位

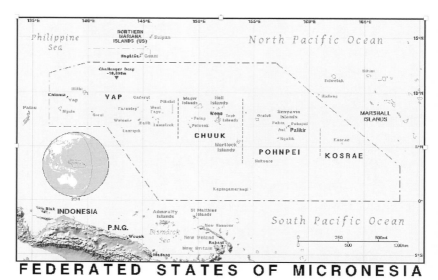

図6-1　ミクロネシア連邦

置するヤップ州は、ミクロネシア連邦の中でも、自給自足経済に基づいた伝統的な暮らしを保持してきたことで知られる。村々は伝統社会の酋長（チーフ）制度が今も影響力を持つ、複雑な社会構造を持つ。主たる食料は、サンゴ礁に囲まれた海で獲れるリーフフィッシュと、陸で栽培しているタロイモだ。ヤップ州も数多くの島々からなるが、州都のあるヤップ島は陸島で、大きさは10数キロ四方。そこに推定5,900人が暮らしている（Central Intelligence Agency N/A）。

　ヤップ島は北緯9度東経138度でフィリピンの東、日本の真南に位置し、人間が定住したのは約3000年ほど前からとされる（Clark 2005; Intoh 2017）。Intoh（2017）は、ヤップ島から140km東に離れたファイス島との間で、紀元後150年から500年には交流があった形跡を報告している。またよく知られる「石貨」は600年ほど前から、ヤップ島の南西400km南西にあるパラオにて石灰岩を切り出して作り、カヌーで往復して持ち帰ったものだ（Hazell and Fitzpatrick 2006）。ヤップ島を含む一帯に定住した人たちの海洋航海技術の高さを物語る。

　地元の口承では、文字に残される以前から日本の島々と海を通じて交流があったとされている。直線距離でも約3,000キロ近く離れているが、彼らの航海技術によれば可能だったのかもしれない。ヤップ島のガアヤンは1986年に、星や波のうねりから位置を測って進路を決める伝統航海術を用い、アウトリガー付きカヌーでヤップから小笠原列島父島まで航海した（朝日新聞 1986）。図6-2は、朝日新聞に掲載された航海の経路だ。

　ガアヤンは航海当時72歳だったが、その後訪ねた筆者に流暢な日本語で「おじいさんや

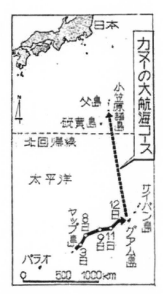

図6-2　航海コース（出典：朝日新聞1986年6月13日付）

107

その前のおじいさんが歌っていた歌を試してみようと思った」と語っていた。その歌に出てくる特徴を辿ると日本に到着するようだったので思い立ったと話した。

　エンジンも現代的な計測機器もないカヌーでの外洋航海はもちろん簡単ではない。嵐が来るとカヌーに水を入れて海面すれすれまで沈め、人間はカヌーにつかまり、共に海に入って凌ぐのだという。カヌーから手を離してしまう危険はもちろん、通常であれば低体温症で命を落とす可能性も大いにある。

　ヤップ島を含む一帯と日本の交流を示唆するものは他にもある。例えば2000年に東京都指定無形民俗文化財となった「小笠原の南洋踊り」は、ヤップ島に外部から伝わったとして今も踊られている「マーチングダンス」と、衣装も踊りの様式もそっくりだ。

　16世紀にはヤップ島にスペイン植民地政府が置かれたが、19世紀末にドイツに売却されて、ドイツの植民地となる。その頃から日本とこの地帯とは、コプラなどの取引があった。第一次世界大戦後は国際連盟によって日本の委任統治領とされ、日本は南洋庁を置いた。導入された日本式の小学校などでは日本語が強制され、日本への同化政策が行われた。前出のガアヤンは相撲大会の様子の思い出を楽しそうに話していた。この時期を現地では「日本時代」と呼ぶ。現在では日本語を流暢に繰る人は数少なくなったが、今でも数多くの日本語の単語がヤップ語として使用されている。「桃太郎さん」など日本時代の歌で引き継がれているものもある。

　第二次世界大戦中には一帯の小さな島々にまで日本兵が駐留し、終盤にはアメリカ軍の爆撃を受ける。島によっては住民が強制移住させられ、戦後戻ったら何もかもが焼かれ、ヤシの木一本も立っていなかったという話も聞いた。餓死者が多かったと現地の人々は証言し、餓死した兵士たちが水にぷかぷか浮かんでいた、と語る人もいた。

（2）台風スダル

　筆者が代表を勤めるNPOでは1992年より、ヤップ島に青少年と訪れて村

に２週間ほど滞在し、島の暮らしから学ぶ教育プログラムを実施してきた。

　一帯の海域は熱帯低気圧が発生する地域であり、ヤップ島では暴風雨はあっても台風が直撃することはまずなかった。しかし2004年には異常事態が起きた。台風スダル（日本ではその年の台風１号）は４月９日に、ヤップの南西にあるパラオ島に最大風速67m/s（時速240km）という凄まじさで上陸。その後16日に、さらに速度を増してヤップ島を直撃した。サンゴ礁で守られているはずの内海を超えて、島には10メートルを超える高波が長時間にわたり繰り返し襲ってきたという。島では９割の家屋が倒壊し、８割の木々が被害を受けた。当時の現地からの連絡を読み返すと、その凄まじさが伝わってくる。しかし驚くべきことに、直接の死者は一人もいなかったそうだ。

　さらに驚いたのは、その状況の中で筆者がもらったヤップ島からの連絡に、「台風の被害があったからと、今年の青少年プログラムを中止にする必要はない」という、受け入れ集落のチーフからの伝言があったことだった。

　チーフの言葉を受け、状況がわからない中で迷いながらも、人数を絞って夏のプログラムを実施することにした。台風から４ヶ月後、参加者５人とスタッフ２人で島を訪問した。目にした光景は衝撃的だった。飛行機で近づくと、島全体を覆っていた緑が減っているようだった。聞けば、台風直後はココナツの木々が幹だけとなりマッチ棒のようだったという。大きなマンゴやパンノミの木々は倒れ、バナナやパパイヤの木々も全て吹き飛んだ。代わりに島で目立っていたのは、壊れた屋根にかけられたブルーシートだった。町の中の太いコンクリートの橋が壊れ、レストランだった大きな帆船（全長20メートルほど）が横倒しに岸辺に打ち上げられ、船尾が道路に突き出ていた。村では、ラグーンにかかる木製の橋が強風でそっくり飛ばされ、そのままの形でマングローブ林の上にひっかかっていた。

　図6-3は受け入れ先の集落の様子だ。奥の家屋の屋根がボロボロになり、倒れた木々の根っこが剥き出しになっているのがわかる。

　道で知っている顔に会うたびに、台風の時の様子を尋ねた。誰もが生まれて初めて経験した嵐について、具体的に状況やその恐ろしさを語ってくれた。

聞き取る中で見えてきたのは、伝統知としての情報伝達の仕組みとチーフを中心とする村の中の連携だ。全ての世帯に電話やラジオがあるわけではない中で、地域の中で速やかに情報伝達がなされ、寝たきりのお年寄り含め、誰一人こぼれることなく助け合って避難した。ヤップでは昔からチーフの言葉を伝える役目を持つ人がいて、現代においても、どんな情報源よりも特定の個人からの情報に、より信頼を置くという。昔通りではなくとも、情報を集落内に届ける仕組みは機能しているということだ。

図6-3　台風スダルの跡

避難や生き延びる術に関しては、一人一人の野生のカンや生命力の強さ、身体能力の高さを思ったことも多かった。例えばいくつかの避難所となった建物（学校も含む）では、屋根が吹き飛び、床の上を波が洗い、避難した人たちは立ったまま震えて過ごしたという（図6-4）。そのよう

図6-4　高校の教室内部。屋根は吹き飛んでいる。

な状態でも誰もが無傷だったのは、個々人の強靭な体力の素地があると思わざるを得ない。日々の暮らしにおいて、夜の海の中に何時間も浸かりながら漁をする人たちだ。通常であれば低体温症になるような状況でも、彼らは行動できる。雨に打たれてずぶ濡れになっても、耐えられる体力を持った多くの人たちが、弱者をなんとか守ったのだろう。

嵐が過ぎても、次は生き延びなくてはならない。「台風の後、今度はカンカン照りでものすごく暑くて、本当に大変だった。木は枝葉がなくなったり、折れたりして、日陰がなくてね」と何人もが語った。水や食料の倉庫でもあった森が壊滅しても、島の人たちは慌てていなかった。アメリカから届いたペットボトルの水や油などの緊急支援物資を利用しつつ、長く継承してきた知恵を使いながら、集落のルールに沿って全体で全体を支え抜いた。

　構成員一人一人がレジリエントであれば、レジリエントな社会につながるのは自明だが、レジリエントな社会では構成員の個別の能力に関わらず、強いものが弱いものを助けることで、一人一人のレジリエンスが結果的に高まるのだろう。つまり今回のような非常事態では、一人では動けない状態の人がいても、日頃からのコミュニケーションによって状況を皆が把握しており、全員が確実に避難できた。避難先では強い者が自分の衣類や水などを差し出し、精神的にも支え合うことで弱者も乗り越えた。インフラの充実とは性質を異にするレジリエンスの側面だ。

　当時、そんな極限とも思える状況で、外国人の私たち一行が到着した。未だ社会は非常事態下にも関わらず、村に入ると例年と変わりなく、人々は緩やかに暖かく私たちの学びを支えてくれた。その時にはさらに貴重となっていた燃料（乾燥したヤシの実の外皮など）を分けてくれ、いつものように火起こしの仕方を教えてくれた。草木を利用した伝統的な衣装を一緒に作り、参加者に地元の踊りを教えてくれた。魚が獲れれば持って来て、台風の後に初めて実ったというバナナを私たちに与えてくれた。躊躇する私たちに、「まだ少ないけど、これからなってくるから」と笑顔だった。

　非常事態でも他の人たちに手を差し伸べることができる、社会的レジリエンスが見事に具現化されていた。

（3）タミル資源保全基金（Tamil Resources Conservation Trust）

　伝統を色濃く残し、自給自足経済が暮らしの根幹にありながらも、ヤップ島社会では急速に貨幣経済が浸透し、世界から次々と開発計画が持ち込まれ、

社会経済やライフスタイルにもさまざまな変化が起きている。経済開発と社会変化に伴い、環境を保全することにつながっていた古くからの多くのしきたりは実行されなくなり、環境の劣化が進んでいる。

　そうした多くのしきたりは「タブー」という形で存在していて、例えば、ヤシガニを食べることができるのは、生理中の女性とヤシロープを編んだばかりの男性だけ、などだ。キリスト教が広まるにつれ、既存のタブーを信じることはないとされ、誰でも好きな時にヤシガニを食べるようになってから、ヤシガニはどんどん姿を消し、現在は極めて稀な生物になった。またこれまでカヌーやイカダで利用していた水路は、集落でずっとメンテナンス作業がされてきた。しかし人々が村の外で働くようになったり、車やエンジンボートを利用するようになったりしてから水路の維持が疎かになり、陸から海へ水や土の流れが滞ることとなった。その結果、マングローブ林近くの生物多様性が劣化した。

　また先述のスダル台風の直撃は、ヤップ島の社会や暮らしの大きな転換点となったように思われる。復興のための木材や葉が島内に育つまでは、外部から届けられるセメントやコンクリートに家屋の再建を頼ることになった。食料も同様だ。しかし、建材が行き渡る前に最初の船で届いたとされるのが缶ビールだったという。アメリカによる援助でヤップ政府は一軒の家に100万円ほどの現金を支給した。個々人への緊急支援金はビールはもちろん、テレビや冷蔵庫、車や携帯電話に消え、それまで島にはなかった近代的な暮らしをする人たちが増加する。同時に徐々にローンという仕組みが浸透し、高額な負債を抱える者も現れた。

　輸入される車や生活物資が増大する一方で、それらは使用後廃棄物となり、増え続ける大量のゴミは土壌と水質の汚染リスクとなっている。開発に伴う土壌流出や生活排水の垂れ流しで、サンゴ礁の魚介類は激減した。海面上昇も近年顕著になっており、波や嵐の影響を受けやすい海岸線から人々が内陸に移住し始めている。こうした中で、自然の恵みの中で営まれてきた暮らしの継続は難しくなっている。

　経済開発に伴って、魚が減少していることや、海や陸が荒れてきていることを人々は認識していた。しかし環境劣化に見て見ぬふりをしてしまうのは、ヤップ島も例外ではない。日々の暮らしに魚やイモは必要なので、根本的な問題を先送りしてしまう。海や陸の生態系を保全しようという動きを、ヤップ島で見ることはこれまでほとんどなかった。ヤップ島では、陸のみならず海域も、所有者または利用する権利を持った個人や集落がはっきりしており、自分の領域以外についての行動や発言はしにくい。21世紀になってから、ヤップ島西部の隣あった2つの村で生態系保全が試みられてきたが、暮らしに直結することでもあり、当該地域においても人々の理解を得るには苦労しているという。

　そんな中、地域をあげて海の生態系保全に取り組もうと始めた人たちがいる。2012年に設立された、タミル資源保全基金、Tamil Resources Conservation Trust（TRCT）だ。タミルというのは管区の名称だ。

　ヤップ島は大きく4つの島、10の管区からなっている。南東のガギル＝タミル島にあるタミル管区（**図6-5**）は、これまでも植林など、環境保全に関する活動をしてきた実績がある。

　タミル管区は11の集落（一つは無人）からなり、住民は2015年で1,100人強。中には、生活基盤でもある陸と海の生態系がどんどん劣化している現状に、危機意識を持つ人たちもあった。2011年にパラオで開かれた、水辺と漁業に関する国際会議に住民2名が参加したことをきっかけに、管区全体で生態系を総合的に保全する活動を統括する母体として、2012年にTRCTが設立された。

図6-5　ヤップ島と10の管区

州法に基づいての法人登録は2013年1月となる。

　TRCTの理事会は人が住んでいる10の村からの代表者とタミル管区委員会委員で構成され、内部は財政、教育、規制執行、モニタリングの4つの部会からなる。アドバイザーや協力者には、管区住民やヤップ州政府、国外の専門家などが含まれる。

　注目すべきは、彼らが自らの文化や伝統、そこに織り込まれている知恵に注目し、現代社会のやり方と融合しようと意図していることだ。TRCTの設立趣旨は、グローバリゼーションの進行に伴い激変中の伝統的社会において、ここ数十年の自分たちの暮らし方や行動が陸と海の資源を枯渇させる方向にあることを認識し、「長年祖先たちが実践してきた習慣や伝統の叡智を生かす」と宣言している（Tamil Resources Conservation Trust 2013）。英語での原文は以下になる（下線は筆者）。

A shared vision

We, the people of Tamil, mindful that our present practices are contributing to the depletion of our natural resources, both in the waters and on the land, have now decided to use <u>*the wisdom of our custom and tradition to conserve and manage the natural resources*</u> *in our municipality in order to be able to provide for ourselves and our families in a sustainable manner and leave behind a healthy natural heritage for our children and future generations.*

　文中のwisdom、叡智について、TRCTは「自然環境から取り出すのは自分が必要な分のみで、土地や資源を枯渇させてはならない」という教えが、ヤップの重要な伝統知だと説明する。ヤップでは一人一人の名前が、ある土地と紐づいており、その土地はその人が利用できる陸と海の場所とつながっている。つまり、土地は彼らの生存を物理的に支えるものであると同時に、個々人のアイデンティティでもある。変容してきた現代の暮らし方では、資源が枯渇しかねない。彼らにとってそれは個人の生命並びにアイデンティテ

114

ィの破壊を意味する。TRCTは今ならまだ、伝統的にヤップの人たちが持っていた理念を大切にすることで、アイデンティティ、暮らし、そして命を支える大地と海を守ることができるとして活動を始めている。

　TRCTが作成した海洋資源管理計画書には、「伝統」という言葉が多用されている。管理ルールの違反者を罰することが目的ではなく、管理の大切さを理解してもらうこと。そのためにコミュニティにおける伝統的な資源管理のやり方や考え方を思い起こしてもらい、保全につなげるのだとする。

　ここには、地球上のほとんどの国々と一緒に突っ走ってきた開発路線の先が破滅的であることを認識し、循環型社会が可能であるような、自分たちの環境と文化に適した保全方法を見つけ、現在の社会と文明をつなげるという深い知恵がある。伝統知を掘り起こすのは、変化を続ける環境と社会の中で、新しいあり方を目指す指針とするためだ。ミクロネシアは、武力で他国に支配されることが繰り返され、戦後は「発展途上国」というレッテルのもと、近代的な経済開発目標が規範であった。それは現在に至るが、ヤップ州においてはこれまで、学校教育に地元の言語や歴史を正式に取り入れる動きや、地元の知識に反して作られた近代建造物の不具合の事例などから、欧米の枠組みに盲従しない姿勢があった。

　外からのアイデアや新技術を否定するものではない。しかし彼らもまたVUCA（変動性、不確実性、複雑性、曖昧性）の時代の只中にあり、彼らなりに持続可能な社会を目指すために、伝統の中にある叡智に立ち戻ろうとしている。もちろんこれは、ミクロネシア連邦やヤップ州としての立場ではなく、あくまでタミル管区の考え方だ。

　ただ、批判的開発学の論者が述べるように、従来の開発の考え方には文化の多様性への配慮が不十分であった。そして開発や経済成長を世界規模で追求した結果として、現在人類が直面する地球上の環境課題がある。「主流」となっていなかった非西洋的な文化の中に、行き詰まった迷路を開く鍵があるかもしれない。

　自然環境を保全しつつ、持続可能な暮らしをどう作り上げていくか。

TRCTのビジョンは多岐にわたる。彼らは海外の支援組織の助成を得て、いくつかの自然保護プロジェクトを展開してきた。周辺海域の禁漁区の設定と維持管理はその中でも大きなものだ。新しくルールを作りながら、「捕りすぎないこと」という伝統的な価値観を人々に思い出してもらう伝え方をしている。

　実施して数年後、地域の人たちの観測では禁漁区一帯に魚が増え、かつ大きくなっているという。いずれ規制をしながらの漁の再開を検討している。かつては無数にあったオオシャコガイの養殖、陸地での植林による地下水の確保、野菜の栽培なども手掛けている。陸と海の汚染の軽減に関しても、いくつかの方法で実践が始まっている。

　これまでヤップ州ではアメリカからの資金援助が歳入の6割を占めていたが、その額は年々減っており、2023年には終了することになっている。代わる産業を持たないヤップ州の前に、中国による観光開発計画が提案されている。環境保全を十分に顧みない観光開発が実行されれば、取り返しのつかない事態となるだろう。ヤップ島のレジリエンスを高める文脈で、輸入物に依存し過ぎない社会経済基盤を総合的に作り始めることが大切とする人々がいる。それは、歴史のある時点に戻ろうとすることではなく、社会変化や新しい政治環境の中で生き抜くための一つの考え方と言えよう。

3　伝統知に触れる若者たち

　筆者が代表理事を勤めるNPO法人エコプラスは、1992年から前述のヤップ島に若い人たちが訪問するプログラムを実施している。これまで400人以上が参加した。少数だが欧州や米国からの若者も参加している。参加者は村に2週間ほど滞在し、「島で生きる術」、つまり在来知や伝統知を島民たちから教えてもらいながらシンプルに暮らす。プログラムでは電気も水道もガスも、そしてインターネットも使わずに過ごす。

　燃料は乾燥させたヤシの外皮、水は雨か地下水、トイレは海かマングロー

ブ林近く、お尻を拭くのは特定の葉っぱ。夜は灯油ランプを囲んで話をし、いただく食べ物はすべて自然が育んでくれたもので、それには化学肥料も農薬も一切使われていない。星影を初めて体験し、夜光虫のきらめきに驚き、静かな海面に月が反射してできる光の道に感動する。

図6-6　ヤップの受け入れ家族と

島の人たちはナタ一本だけ持って出かける。素足で森の中の道を歩きながら、軽々と木に登ってヤシの実を落とし、ナタで割ってヤシジュースを渡してくれる。果物や木の実を取れば、その場でヤシの葉っぱからカバンを編み、中に入れて運ぶ。どの動作一つをとっても隙がなく、かつ一つ一つ根拠と豊富な知識に基づいている。

図6-7　器にできる葉っぱを教わる

　一方で、目が慣れてくると、それまではただ美しい光景だった中に、異物が識別できるようになる。道端の草の中や家の裏に広がる林の中にあるゴミが、日本の製品のパッケージや打ち捨てられた日本車だと気づく。大きく窪んだ地面は日本軍を攻撃したアメリカ軍の爆撃の跡と知る。「ボークーゴー（防空壕）」や「ショーユ」、「センセイ」などの日本語が、ヤップ語として残っている背景を認識する。

　かつて日本軍に占領されたヤップの人たちは、学校では日本語を強要され、大人たちは強制的に働かされた。オープンに私たちを受け入れ、大切な食糧や知識を惜しみなく分けてくれるこの人たちの祖父母やその上の世代にあたる。

そしてプログラム参加者たちが滞在している集会所や、ホームステイの受け入れ家庭の庭先にまで、大潮になると海水が上がってくることを通して、地球規模の気候変動が急にリアルになる。日本などで暮らす私たちが、この小さな島と時間的にも空間的にも物質的にも、深く関係していることを参加者たちは実感する。

　小さな島でのわずか2週間。しかし濃密な体験を、若い人たちがともに重ねる。シンプルな暮らしは想像以上に困難な時間となる。

　「生きるって大変でめんどうくさい」、「トイレやゴミをどうするとか、シャンプーを使うか使わないかなんて、考えたこともないことばかりだった」。帰国後の報告会で、参加者が語る。

　しかしこの面倒な暮らしの中から、彼らは本質的な気づきを得るようだ。

　いろいろな人たちが支え合って暮らしができている、これまで自分のことばかり考えてきたことに気づいた、何もないことは楽しいことだ、心が喜びでいっぱいになった、他の人と分かち合うことの大切さ、孤立ではなく自立……報告会ではたくさんの気づきがあふれるように語られる。

　ある年の報告会では、「価値観が崩壊した」と何人かが言った。「ヤップ島での体験を、これからの生き方、社会に貢献するために活かしたい」と話した人もいた。

　実際、このプログラムで経験したことが、生き方に長期にわたって影響を与えていることが、開始から25年を経た2017年に実施した調査で明らかになった。それまでの参加者を対象に、当時の経験が今にどんな影響を与えているか、学びはどのように変化したかを探るアンケート調査だった。

　回答数は128で、参加当時の年齢は9歳から36歳。全回答者の97％が、プログラム参加は人生にとって大きい出来事とし、93.8％の人が、当時の体験が現在の自分に関係しているとした。現在にもつながる影響の要因としては「自然に近い暮らし」と「島の人たちとの出会いや関わり」が最多だった。

　一人一人の記述回答はユニークで、「典型的」なものはないが、現在につながる影響や変化に触れた例としては次のようなものがある。かっこ内の年

齢は、参加当時のものだ。

　　その土地の気候風土に沿った伝統的な暮らし方の価値を、自分が住んでい
　る地域や暮らしの中でも感じるようになった。今まで気に留めていなかった
　祖父母の技術や知恵に関心を持つようになった。（2006年参加　21歳　女）

　　ヤップ島で生活している時、「私はどこにいても生きていける」という確
　信を持ちました。また、世界は、光輝いていて、この世界が天国だったんだ
　というきづきも、その後の人生に大きな影響を与えています。（1997年参加
　　21歳　女）

　参加者たちは、必要なものを自然の中から取り出す、互いに助け合うとい
う、生きるための知恵を島の人たちから教わった。そのエッセンスはヤップ
島を離れた後も彼らの日々の中で息づいていることがわかる。島で得た気づ
きや学びは、参加者の哲学や価値観の一部となって生涯を支えている。
　東日本大震災を経験したかつての参加者は、避難生活を心配する筆者にこ
う返答した。「ヤップ島での経験があるので、避難所生活でも問題なく快適
に過ごせています」。
　直近の2019年夏に参加した一人は、報告書にこんなふうに書いている。「ヤ
ップから帰ってきてからの日本の生活は、新しい発見と驚きで満ちている。
……生き方の多様性を認めることは、自分の生き方を肯定することでもあり、
自分を信じられる強さになった」。
　変化の時代を生き抜くために必要なのは、「何が課題かを理解し、解決の
ためにはどんな知識や技術が必要かを知り、それを獲得することができる力」
と言われている。ただし前提として重要なのは、人と自然の関係についての
深い理解と、本当に大切なものは何かという問い、そして共に生きる姿勢と
共感できる心だ。それには多角的な視点を備えるための科学知や形式知と、
身体的な経験知との両方が欠かせない。地球と人間に関する総合的な理解は、

直接体験を通して身体知として体に刻まれ、その人の一部となって未来を拓く力となる。

　前出の調査で過去の参加者たちが、現在にもつながる影響の要因として「島の人たちとの出会いや関わり」と答えているように、ヤップの人たちは大きな存在だ。ホームステイをさせてもらうときには、「家族の一員として」生活する。ヤップに家族ができる。これは参加者の意識に大きな変化をもたらす。海面上昇で苦しむのは、どこかの誰かではなく、一緒に暮らしたヤップの家族なのだ。

　受け入れ側のヤップの人たちにとっても、島の外から来た若者たちとの絆は大切なもののようだ。「日本に住む私の娘」などと表現をしながら、愛情を持って関わってくれる。何年経っても「XXは元気か？ハガキを書いてと伝えて」と言ってくる。2004年にはスダル台風の被害が残る家屋で、ある家族が「これ」と泥で汚れた過去のプログラム報告書を持ち出して来た。とても大事にしてもらっていたことがわかる。

　ヤップでの経験は参加者の内なるレジリエンスを高めた。同時にヤップの人たちにとっても、国外に暮らす人たちとの絆は、何かあったときに気持ちを寄せてくれる存在であったり、物理的な支援につながる外的なレジリエンスとなったりする可能性がある。

4　体験からの学びを紡ぐ

　ある体験が気づきから学びになるための要素としては、いくつかの事柄が示唆されている。特に強調されるのが「振り返り」だ。プログラムに内包されるシステマチックなものが推奨されるが、前出の調査は、長い間、公式な振り返りがなくても、深い経験はその人の生涯の学びとなりうることを示した。ただ様々な状況下で誰もが単独で十分に振り返りができるとは限らないので、何度かはプログラムの一環として実施するのが望ましいだろう。

　上記のヤップ島プログラムでは、期間半ばにスタッフのリードで振り返り、

帰国して解散する前にじっくり時間を取って振り返る。のち2週間ほどの間に、自分の気づきを文章にし、自分たちで話し合って報告書を作る。報告書作りそのものも体験を振り返る機会だ。そして3カ月ほど経った時に、一般の人たちや家族、友人らに向けて報告会を実施する。この時に何を伝えるのかをグループで考え、個人で言語化するプロセスも、帰国後の気づきをさらに深め、学びにする振り返りとなる。できた報告書はいつでも、何年経っても読み返せる。彼らは何年か後のプログラム報告会に参加し、思いを新たにすることもできる。

　スタッフは、参加者が体験を学びにするプロセスをサポートする立場だ。プログラム途中の声かけや、問いかけが、それを促す。現地の文化や習慣、地元の人たちと参加者の学びの間の橋渡しもスタッフの役目だ。歴史や背景を含めた、意味や意図の翻訳者となる。そこでは学びを、参加した人たちの日常に落とし込めるように工夫することが大切だ。珍しい非日常の経験だったで終わらせないように、常に「暮らし」を意識する。ある経験が個人のレジリエンスを高めることにつながるかは、このサポートのあり方にも関わってくるのではないか。

　そうした学びのサポートのためには、スタッフは、参加者とはもちろん、地元の人たちとの信頼関係が欠かせない。相手の文化を尊重し、伝統や歴史を勉強し、その「場」から学ばせていただく謙虚な姿勢を持っていること。体験を学びに、学びを暮らしにつなげられるかどうかにおいてスタッフは、最終的にファシリテーションの技術より、姿勢や人間性、経験の幅が問われてくるように思う。

5　在来知の活用と社会的レジリエンス―課題と展望―

　私たちはVUCAの時代の中にいると言われる。確実なのは、地球環境の劣化と、それに伴う人類にとっての危機的状況が増していることだ。地球の生態系や気候システムの大幅な揺れは、生物種の絶滅に拍車をかけるだけでな

く、人類側にとっても簡単に飢餓や紛争、難民を生むことにつながってしまう。19世紀から世界の「主流」が追い求めてきた経済的成長の価値観と仕組みは格差を拡大し続け、社会的混乱や紛争を招くだろう。

　VUCAの中で生き抜くレジリエントな暮らしと社会をどう目指すのか。大きなシステムに依存しない、小さな循環を作っていくためにはどこから始めるか。この章で取り上げたミクロネシアなど、「主流」ではない非西洋的な文化や社会・経済システムに、ヒントを見出せるかもしれない。それは国内の農山漁村も同様だ。

　1950年代後半からの高度成長期前の日本では、多数の人たちが大きなシステムからある程度自立した暮らしを営む技術と知識を持っていたと思われる。自然から生活に必要なものを取り出し、あるものを工夫し、修理しながら使う。そうした知恵は多くの場合、個人の「体験」によって獲得するというよりは、多世代に渡って継承され、個人の生涯のなかで洗練されてきたものだ。しかし、経済成長最優先の価値観の中で、そうした知恵と技は利用されなくなった。まさに今、それらに注目し、社会的レジリエンスを高める可能性がある一方で、伝統知の保有者たちはどんどん減っている。

　しかし在来知や伝統知だけがレジリエンスに貢献するわけではない。自立の意識とそのための環境整備が大切であることが、本章の事例から読み取れる。「私はどこにいても生きていけるという確信を持った」というヤップ島参加者のコメントがあった。自然の恵・それを生かす知識・コミュニティという三つの要素を自分のものにすることで、レジリエンスが高まるのではないか。

　事例の中から見える社会的レジリエンスに向けてのヒントの一つは、地域での暮らしに注目することだ。自分が暮らしているところでなくてもいい。ある場所で気づいたことをきっかけに、自分の暮らしに落とし込むことができることを、事例は示してくれている。自分の今の暮らしが環境的経済的インフラ的にどう成り立っているのか。100年前にはどんな暮らしがあって、そこから応用できることはないか。その場の文化や伝統を見つめ直し、現在

の環境と照らし合わせて見えてくることは何か。どうしたら社会のレジリエンスを高めることができ、そうしたまちづくりに自分はどう関われるのか。

　肝要なのは、GDPの数字のみで社会を語るこれまでのモノサシと価値観からの脱却だ。現状にとらわれている限り、新しい社会はないし、文明は持続しない。自分の当たり前を壊すのは、通常の環境にいる限り容易でない。新しい価値観と出会い、体験し、経験を積むことで、自分の枠を超えて考えるための心身が鍛えられる。グローバルマネーから自立している人たちの社会を経験したり、GDP以外の豊かさのモノサシを持っている人たちと暮らしたりすることで、すんなりとそれが受け入れられる。

　その上で、これまでの思考に囚われない、新しい社会のあり方を議論できるのではないか。

　エネルギー、食、水、汚物・廃棄物の処理といった、生活の基盤インフラの形はどうあるべきか。すでに様々な技術が試みられている。小さく初めて、それをある程度の規模にしていくことはできないだろうか。そしてどんな構想にしても実現するには、人とのつながり、コミュニティの存在が必要だ。

　2020年から世界が翻弄され続けたCovid-19に関しては、まだ未知なことが多い。しかし多くの科学者は、人類が自然を破壊しすぎたことに起因するとしている（e.g. Johnson et al. 2020）。レジリエントな社会は、何か起きた際の抵抗力だけでなく、自然または生態系との関係を保つ社会でもあるはずだ。自然との関係を保ち、地球環境のキャパシティの中で循環型社会を作るために、これまで続いてきた社会にある伝統知がヒントとなることもあるだろう。

　地域に根ざして、その場から学び、それを暮らしに生かしていくこと。これにつながる学びの機会や試みが、各地で幅広く展開されることがもっと必要ではないだろうか。そうした取り組みから、レジリエントな自分、暮らし、地域づくりにつながっていくと考えている。

参考文献
朝日新聞、1986年6月13日付、「古代航法1000キロ、けさグアムへ」
気象庁（2011）災害時気象速報平成23年7月新潟・福島豪雨、平成23年9月30日

塩沢町（2002）塩沢町史通史編上巻、塩沢町。pp.1-775

南魚沼市（2019）2019市勢要覧データ編令和元年11月22日更新

南魚沼市（2020）人口・世帯数

http://www.city.minamiuonuma.niigata.jp/shisei/toukei/1454742347690.html（最終アクセス2020年9月15日）

Central Intelligence Agency（2020）The World Factbook、https://www.cia.gov/library/publications/the-world-factbook/geos/fm.html Last Updated Sep.10, 2020（最終アクセス2020年9月15日）

Clark, G.R.（2005）A 3000-year culture sequence from Palau, western Micronesia. Asian Perspectives. 44（2）. pp.349-380.

Hazell, L. and Fitzpatrick, S.（2006）The Maritime Transport of Prehistoric Megaliths in Micronesia. Archaeology in Oceania. Vol. 41, No.1. pp.12-24. Wiley on behalf of Oceania Publications, University of Sydney Stable

Intoh, M（2017）Colonisation and/or Cultural Contacts: A Discussion of the Western Micronesian Case. In Piper, PJ; Matsumura, H; Bulbeck, D（eds）. New Perspectives in Southeast Asian and Pacific Prehistory.Vol. 45. pp.233-241

Johnson CK, Hitchens PL, Pandit PS, Rushmore J, Evans TS, Young CCW, Doyle MM. 2020 Global shifts in mammalian population trends reveal key predictors of virus spillover risk. Proc. R. Soc. B 287: 20192736.http://dx.doi.org/10.1098/rspb.2019.2736

Tamil Resources Conservation Trust（2013）Tamil Municipality Marine Management Plan. pp.1-31

第7章

アジアの無形文化遺産の教育・地域づくりへの活用
―在来知を活かした教育実践と持続可能な地域づくり―

岩本　渉・大貫 美佐子・佐藤 真久

1　はじめに

　本稿は、アジア太平洋無形文化遺産研究センター（IRCI）が実施した国際調査研究プロジェクト「無形文化遺産の持続可能な開発への貢献に関する複合領域的研究―教育を題材として」（2018年度－2019年度、文部科学省ユネスコ活動費補助金、以下、本国際プロジェクト）に基づき考察を行うものである。まずは、本国際プロジェクトの実施背景を把握すべく、実施組織の概要、無形文化遺産条約、無形文化遺産の意義と特色、無形文化遺産の今日的課題、アジア地域における無形文化遺産の現状と課題を述べる。その後、本国際プロジェクトを通して実施されたベトナム国、フィリピン国における実践的事例調査から、持続可能な開発のための教育（ESD）への貢献、持続可能な地域づくりへの貢献について考察を深めることとしたい。

Key Word: 無形文化遺産、ユネスコ、SDGs、ESD、変容を促すアプローチ

2 無形文化遺産研究推進拠点としてのIRCI

　IRCIとは、正式名称International Research Centre for Intangible Cultural Heritage in the Asia-Pacific Regionの略で、日本語の機関名は、アジア太平洋無形文化遺産研究センター（以下、本センター）と称されている。

　本センターは国立東京博物館、国立奈良文化財研究所等と同様、特殊法人国立文化財機構の１施設である。と同時にユネスコのカテゴリー２センターでもある。いうまでもなくユネスコは教育、文化、科学、コミュニケーションを通じて世界平和を促進する国連の専門機関であるが、その任務を達成するため、加盟国の機関であってユネスコの方針に沿って活動する機関を当該国政府との協定によりカテゴリー２センターとしての機能を有している。IRCIの場合、2009年の第35回ユネスコ総会で「ユネスコが賛助するアジア太平洋地域における無形文化遺産のための国際協力センターの設置」が承認され、さらに翌年８月日本政府とユネスコとの間で協定が締結され、2011年10月に大阪府堺市に設置されたものである。IRCIは、後述する無形文化遺産条約の保護に関する条約の方針に沿って、アジア太平洋地域の無形文化遺産保護のための研究を促進する拠点として活動をしている。

　このように、IRCIは、二重の組織的性格を有しているともいえるが、ユネスコとの関係では協定上、IRCIの中長期計画、年間の事業計画はユネスコの戦略的計画との整合性が求められ、ユネスコ代表を含む運営理事会で承認を要するものである。このため、IRCIの事業内容も、ユネスコの優先事業領域を反映したものとなっている。これまでもユネスコの中期戦略、事業予算などに沿って自然災害、ポストコンフリクトといった緊急事態への対応と無形文化遺産の保護についてのプロジェクトを実施してきた。本稿では、2018年度から２年間にかけて実施した本国際プロジェクトを通した知見を掘り下げることとしたい（IRCIの詳細については、https://www.irci.jp/jp/参照）。

3　無形文化遺産条約と無形文化遺産の意義・特色

（1）無形文化遺産条約と無形文化遺産の意義[1]

　これまで述べてきた無形文化遺産について国際的な法的枠組みを提供しているのは、2003年のユネスコ第32回総会で採択された「無形文化遺産の保護に関する条約」（以下、本条約）である。本条約成立以前も1997年から「人類の口承と無形文化遺産の傑作の宣言」という事業計画を通じて無形文化遺産の保護を図ってきたが、法的拘束力を持つものではなかった。本条約は、第2条第1項において「無形文化遺産とは、慣習、描写、表現、知識及び技術並びにそれらに関連する器具、物品、加工品及び文化空間であって、社会集団及び場合によっては個人が自己の文化遺産の一部として認めるものをいう[2]。」と規定している。ここで重要なのは、「地域社会、集団、個人」（communities, groups, individuals）が自分たちの文化遺産の一部として認めるものとしている点である。したがって、本書の文脈では、無形文化遺産は在来知が外的に発現した文化資本ともいえる。

　さらに、同項は「無形文化遺産は、世代から世代へと伝承され、社会及び集団が自己の環境、自然との相互作用及び歴史に対応して絶えず再現し、かつ、当該社会及び集団に同一性及び継続性の認識を与えることにより、文化の多様性及び継続性の認識を与えることにより、文化の多様性及び人類の創造性の認識を与えることにより、文化の多様性及び人類の創造性に対する尊重を助長するものである」と規定している。環境や歴史に応じて再現されるということは、古くから全く変わらぬ形で保持するということを意味するものではない点に留意する必要がある。

　また、同項では、無形文化遺産については、「既存の人権に関する国際文書並びに社会、集団及び個人間の尊重並びに持続可能な開発の要請に資する。」と規定している。一方、2015年に定められた無形文化遺産保護のための倫理原則（Ethical Principles for Safeguarding Intangible Cultural Heritage）の

中には「無形文化遺産の相互の尊重、無形文化遺産の相互の評価が、国家間、社会、集団、個人間の交流において優先する」としている。そして、本条約第2条第2項は、無形文化遺産があらわされる分野として、(a)口承による伝統及び表現、(b)芸能、(c)社会的慣習、儀礼及び祭礼行事、(d)自然及び万物に関する知識及び慣習、(c)伝統工芸技術としている。

本条約はさらに代表リスト、緊急保護リストへの記載、無形文化遺産保護基金などについて規定している。我が国はじめ代表リストへの記載が一般には耳目を集めるものであり、地域社会の無形文化遺産を国家が推薦し国際機関のユネスコが記載するというダイナミズム自体興味をひくものであるが紙幅の関係上ここでは立ち入らない。ただ、代表リストに記載されているもののみが無形文化遺産というような誤解だけは避けるべきである。本稿でも国際機関の認知にかかわりなく無形文化遺産をとりあげる。

（2） 無形文化遺産の特色

本条約成立の30年以上前、1972年のユネスコ総会で成立したのが「世界の文化遺産及び自然遺産の保護に関する条約」（以下、世界遺産条約）である。これは、建造物、遺跡、自然の地形などの有形のものを扱う点で無形文化遺産と異なる。この世界遺産条約との比較において無形文化遺産の特質を考えると次のようなことが言えるのではないか。

第一に、無形文化遺産の持つ可変性ともいうべき変化の許容である。ここでは冷凍保存のような保存は意味されていない。これに対し、世界遺産は、世界遺産一覧表に記載するに際し顕著で普遍的な価値（outstanding universal value）の立証が必要だが、その際完全性、真正性の要件を満たしていなければならない。真正性（authenticity）は、端的に言えば「いかに本物であるか」を意味する。かつては伝統的建造物における欠損部等への新材への置き換えも真正性の見地からは疑問視されたが、1994年に作成された真正性に関する奈良文書により真正性の評価は、文化遺産そのものの文化的文脈等において検討・判断されるものとされ、真正性評価の途が開かれた。

これに対し、無形文化遺産の要件として「真正性」は求められず、上述のように「社会及び集団が自己の環境、自然との相互作用及び歴史に対応して絶えず再現し（条約原文ではrecreated）」としている。こうしたことは、同じ「保護」と和訳されている用語が、世界遺産の場合はprotection、無形文化遺産の場合はsafeguardingであることにも表れている。

　第二に、社会、集団、個人（以下、コミュニティと総称）の位置づけである。世界遺産条約においてもその保護の主体、環境影響評価などの場面において地域社会というものが焦点を浴びるが、無形文化遺産の場合は前述の通り定義においてコミュニティの存在と役割を前提としており保護活動におけるコミュニティの最大限の参加を求めている。ただし、このコミュニティには何ら定義がなされず地域社会、エスニック集団、技能集団、職業組合などが含まれると解されている。ジグムント・バウマンの言うようにコミュニティを「人々に共有される伝記的な記憶を源としてその集合体が固く結びついている」[3]状態と解すれば、いずれもそれに当たるものだろう。

　また、コミュニティに関連して、レジリエンスも無形文化遺産に特徴的なものである。本条約の下位規定、運用指示書の第6章第3項では、自然災害や気候変動に対するコミュニティを基盤としたレジリエンスを取り上げ、無形文化遺産には自然災害や気候変動に適応したりするための知恵が含まれていること、社会の一体性を強化することで自然災害や気候変動に立ち向ける力になることが指摘し、コミュニティの伝統的知識の担い手としての役割の認識などをうたっている。IRCIが2018年に開催した「アジア太平洋の無形文化遺産と自然災害に関するワークショップ」の最終文書「仙台デクラレーション[4]」においても、伝統的な天候や危険の予測、食物保存技術など無形文化遺産の中には防災や地域のレジリエンスに特別な役割をなすものがあること、伝統的な知識は防災及び地域コミュニティのレジリエンス支援強化に有効であることを指摘している。

4　アジア地域における無形文化遺産の現状

　本条約が2006年に発効してからまもなく15年を迎える。今日までに178か国が批准、うち42か国がアジア太平洋諸国である（2020年11月現在）が、その多くが国内の無形文化遺産の把握に向けて模索を続けている。その背景には法整備の遅れと人材不足がある。ベトナムは2001年に制定した国内法を、条約の批准をきっかけに2004年に改正を行い政府主導で無形文化遺産の保護の推進活動を実践している。ラオスは2005年に成立した国内法があり、無形文化遺産の保護にむけて新しい法案が2014年に起草されたが、まだ成立していない。カンボジアは王国の法令として人間国宝制度を実施、東チモールは2016年に無形文化遺産条約を批准したが国内の無形文化遺産の把握には至っていない。こうした法的枠組みからはなれアジアの日常的な伝統の営みに目を向けると、多様な“無形”の祭事や儀礼が深く根付いており、様々な継承のかたちをみることができる。例えば東南アジアの雨乞いの儀式、神話に基づいた仮面劇、五穀豊穣を願う祭りなどなど、そこには国境を越えた人類の共通の祈りや在来知が確認できる。ラオスのピーマイラーオ（新年の儀式）でルアンパバーンに登場する伝説の獅子や無病息災を願う人々は、日本の来訪神「なまはげ」を彷彿とさせる。中国の京劇で人気の「白蛇」の物語では，蛇が美しい女性となって人間の男性に恋をするが，これ日本の能では恋する人に拒絶された女性が恐ろしい蛇の化け物に変身する。能楽の面をつけた竜の踊りは、雨乞いのために行われることがあるが、ラオスやミャンマーでは雨乞いのために水をつかさどる神ナーガ（龍）を祭る様々な行事や儀式が行われている。このように多様に存在する無形文化遺産も、貧困、過疎化、地球温暖化、自然災害、紛争や戦争、経済発展、政策など様々な要因によって、消滅の危機に瀕する事態になれば多様性の消滅につながりかねない。

　日本は、1950年に「文化財保護法」を制定し国内の無形文化遺産の目録である、「重要無形文化財等一覧」、「重要無形民俗文化財一覧」、「選定保存技

術保持者一覧」を中心に作成しつつ、保護制度を確立させてきた国である。
1950年といえば、第二次世界大戦の敗戦からまだ5年である。きわめて短期
間で有形の文化遺産のみならず、無形の文化遺産を対象とする総合的な保護
システムを構築しており、また地方自治体においては条例という枠組みにお
いて、無形文化遺産の目録作成や保護にかかるマネジメント体制がその後確
立されていく。加えて、地方自治体には、祭りや行事、工芸技術などを継承
する人々を中心に構成される保存会と呼ばれる組織が自発的に作られ、長き
にわたり活動を展開している。

　無形文化遺産条約では、第12条第1項において「締約国は、保護を目的と
した認定を確保するため、各国の状況に適合した方法により、自国の領域内
に存在する無形文化遺産について一又は二以上の目録を作成する。これらの
目録は、定期的に更新する。」とあり、締約国に目録作成を義務付けている。
これは、アフリカやアジアなど多くの国で様々な民族が伝統的な行事や儀礼、
祭りを実践しているにもかかわらず、それらの把握が十分にされていないこ
とが課題であり、無形文化遺産の保護の最初のステップとしてそれが急務で
あることを示している。

5　無形文化遺産の分野における教育の意義と本国際プロジェクト

　2015年の国連総会で採択された「持続可能な開発目標」（SDGs）では、第
四目標（SDG4）に教育の重要性が掲げられている。第四目標（SDG4）は、
教育の質の向上に資するだけではなく、持続可能な社会の構築全体に資する
ものとして位置づけられている。さらに、第四目標のターゲット4.7では、
「2030年までに、持続可能な開発のための教育及び持続可能なライフスタイル、
人権、男女の平等、平和及び非暴力的文化の推進、グローバル・シチズンシ
ップ、文化多様性と文化の持続可能な開発への貢献の理解の教育を通して、
全ての学習者が、持続可能な開発を促進するために必要な知識及び技能を習
得できるようにする。」と明記された。本国際プロジェクトは、ユネスコ第

39回総会（2017年）で決定された「事業予算（2018〜2019年）：39C/5」の提唱する「加盟国の2030アジェンダの実施を援助する」という方針に適合するものであった。

今日まで、無形文化遺産の分野における教育は、保護の一環としての継承という観点から取り上げられることが多かった。一つの芸能の弟子への教育などがその例である。本国際プロジェクトは、将来、無形文化遺産の継承者になるとは限らない一般の者に対してその教育をすることがどのような意義とインパクトをもつかについて調査研究の関心が置かれている。

UNESCO（2015）[5]は、アジア太平洋地域における無形文化遺産に関する教育の拡充において、当該地域のガイドライン「持続可能な未来のための無形文化遺産とともにある学習」（以下、アジア太平洋地域ガイドライン）を提示している。本アジア太平洋地域ガイドラインの内容はフォーマル教育を主としたものであり、既存教科とESDの原則（分野横断的・ホリスティック、批判的思考と問題解決スキルをサポート、価値に基づく、多様な形式、参加型、グローバル・ローカルに応用可能・社会的適合性が高い）、無形文化遺産の保護・継承の取組の連動性を強調したものとなっている。本アジア太平洋地域ガイドラインは、フォーマル教育において無形文化遺産とESDを統合する多様なアプローチ（**図7-1**）[6]とカリキュラム・デザインの手法を提示している点に特徴がみられるが、(1)無形文化遺産の保護に向けた国別の状況を踏まえたものではないこと、(2)アジア太平洋地域における実施ガイドラインであり、各国のフォーマル教育施策の文脈で考察されていないこと、(3)ノンフォーマル教育に関する考察がないこと、(4)フォーマル教育における無形文化遺産教育の拡充にむけて発達段階や校種に基づく具体的な方策が提示されていないこと、などの理由から、国別特性（無形文化遺産の保護状況、フォーマル教育／ノンフォーマル教育施策の特性など）を踏まえた、無形文化遺産教育の拡充が期待されている。

6　無形文化遺産をフォーマル教育に活かす—ベトナム国における取組—

　ベトナム国における実践的事例調査は、ベトナム教育科学研究所（Vietnam National Institute of Educational Sciences、以下、VNIES）及びベトナム民族学博物館（Vietnam Museum of Ethnology、以下、VME）を連携機関として行った。前者は教育訓練省、後者は社会科学アカデミーの管轄であり、両者が共同で事業を実施するのは初めてであり、これも本プロジェクトの成果といえよう。もっとも、VMEは以前ユネスコ・バンコク事務所のプロジェクトに教育訓練省初等中等教育局と共同参加している⁽⁷⁾。

　まずは、ベトナム国における調査研究の背景について述べることとしたい。2015年の首相決定により一般教育課程・教材に関する国家枠組は、1）学習者の質や能力を伸ばす、2）責任ある市民、文化的で創造的な労働者になれるよう知的に体力的に優秀な者になるのに必要な資質能力を持つ学生の育成を目指すもので、さらに2018年の新一般教育カリキュラムは、目標を学生が一般的知識の習得とその実生活への応用により、適切なキャリア選択ができ調和的な社会関係を持ち前向きな個性を持つようにすることを目標として掲げた。これらの革新は教育内容において、国連のSDGsの実施や持続可能な開発のための教育（ESD）の目標にも合致するものであった。その一環として無形文化遺産教育にも大きな関心が寄せられてきた。

　このような状況の中で、無形遺産教育に関するベトナム国実施ガイドライン案の策定が進められてきた。当該国の中等教育のGrade 6から9の学習者を念頭に置いて、無形文化遺産の理解から始まり無形文化遺産と持続可能な開発に関する価値、知識との関連付け、教育課程案の作成、検証、教育課程への無形文化遺産の取り込みというプロセスを踏んだが、具体的には代表リスト、危機リストに掲載されているベトナムの無形文化遺産についてその特徴、教育目標、知識、技能、価値への貢献に関しIntegrationFrameworkとしてマトリクス化した。また、本実施ガイドライン案には、無形文化遺産を

具体的に教える際の期待される資質、準備、学習活動、評価を盛り込んだ七つの教育案を例として盛り込んだ。

　上述の実施ガイドライン案について、2019年8月23、24日ハノイにおいて、VME及びVNIESの研究者によりガイドライン案を配布した7つの中学校の22人の教員を対象に研修が行われた。この研修を通じ教員は無形文化遺産の知識を得、無形文化遺産教育の重要性を認識するとともに本実施ガイドライン案に基づいて授業案を作成した。上記の研修ののち、2019年10月24日、ハノイの中学校2校において日本からの専門家（佐藤、IRCIスタッフ）を交えモニタリングが行われ、無形文化遺産の教育の授業参観、学校管理者、担当教員との議論が行われた。

　総じて、授業では、民間伝承を語る文学の授業、伝統的な綱引きを通じコミュニティの絆について学ぶ課外活動（**写真7-1**）、さらにはカーチューという伝統歌唱から酸素、二酸化炭素の消費を学ぶ生物の授業などを参観し、生徒が生き生きと身近な無形文化遺産を学習しさらにそれを越え郷土愛や誇りというものを学んでいく様を見ることができた（**写真7-2**）。

　さらに、学校関係者との議論では、学校における他教科の教育にも好影響のあったこと、学校文化が変容する可能性、さらには無形文化遺産保持者を外部講師として招いた場合の学校教員との関係などが議論された。以上のプ

写真7-1　ベトナム国のフォーマル教育（第8学年）で実践されている伝統的儀式"綱引き"（Tugging Rituals and Games）/Nghiem Secondary School

写真7-2　ベトナム国のフォーマル教育（第7学年）で実践されている伝統的歌唱"カーチュー"（Ca-tru Singing）/Yen Hoa Secondary School

ロセスを踏まえ最終的なベトナム国実施ガイドライン（8）が2020年 3 月完成した。

7　無形文化遺産をノンフォーマル教育に活かす—フィリピン国における取組—

　フィリピン国は，フィリピン国家芸術文化委員会（National Commission for Culture and the Arts、以下、NCCA）が1995年にSLTプログラム（Schools for Living Tradition、以下、SLT）を立ち上げ、ノンフォーマル教育を通じた伝統的な知識や文化の継承に力を注いできた。具体的には、コミュニティレベルで実践する無形文化遺産の継承促進プログラムで、伝統的な儀礼や儀式、工芸技術などを継承する人々の中から最も熟練した継承者をNCCAが"カルチャー・ベアラー"または"カルチャー・マスター"として認定し、彼らを中心に若手継承者の育成を行う学習センターである。NCCAは、SLTの活動を開始するにあたり 5 年間の準備期間をあて、優先的分野とコミュニティを特定するとともに、具体的な学習指針や協力メンバーのトレーニングを行う。ここではあくまでコミュニティの意向が尊重される。現在までに約600のSLTが設立されており、地方自治体、政府機関、NGOと連携した継承者育成に加え、観光局や民間セクターとの連携し伝統工芸品のマーケティングイベントの開催にも力をいれ貧困解消、地方格差の解消への貢献も目指している。筆者（大貫）は2003年、2013年、2017年、2018年と2019年にフィリピン国を調査訪問しているが、ミンダナオ島の工芸技術については各段にレベルが高くなったことを感じた。これはNCCAの貧困地域におけるマーケティング戦略の効果といえよう。こうした活動に力を入れている背景には、フィリピン国の無形文化遺産の継承を確実にするためには、貧困の解消と各民族の母語の存続が最も重要な課題である、との認識がある。フィリピン国は多民族国家であり、その言語の数は100を超える。1974年のバイリンガル教育政策以降、国語であるフィリピノ語と英語のバイリンガル教育が初等教育で

義務づけられた。1999年には地方の言語を教授用語として用いるリンガフランカ教育政策が試験的に始まったものの、成功しているとは言い難い状況にある。フィリピノ語はタガログ語をベースとしているが、タガログ語を母語とする人々はフィリピン国民の25パーセントしかおらず、マニラを中心とした首都圏に集中している。スバニエン地区は、フォーマル教育は英語とフィリピノ語で行われており、コミュニティで母語であるスバネン語で実践されている無形文化遺産の存続に影響を与え、継承を危機にさらしている。

写真7-3　フィリピン国の伝統的儀礼 "ブクログ"（Buklog/Gbeklug）

　IRCIは、SDGsの目標4「すべての人々への包括的かつ公正な質の高い教育を提供し、生涯学習の機会を促進する」のうち、ターゲット4.7に注目し、教育への無形文化遺産の貢献について考えるため、2017年度から3年間、NCCAと連携し、フィリピン国で実践的事例調査を実施した。調査対象には、ミンダナオ島サンボアンガ半島地方にある南サンボアンガ州の3つのSLTで実践されている伝統的儀礼 "ブクログ"（Buklog/Gbeklug）とした（**写真7-3**）。この儀礼は、スバネン地方最大の儀礼であり、感謝の祭事であると同時に、病気や災難からの回復、豊かな収穫、新しいリーダーの承認やコミュニティ・メンバーの帰還の名誉をたたえるなどの目的で、数日、数週間、さらには数か月単位で続けて実践されている。南サンボアンガ州は、2019年に成立したバンサモロ自治地域（旧イスラム教徒ミンダナオ自治地域）と隣接しており、聞き取り調査を進めたところブクログの継承を困難にしている要因は、ミンダナオ島の武力紛争の存在や、農業の生産性の低下による貧困化（気候変動や違法伐採などに起因する）、伝統文化に即していないフォー

マル教育システムや地方政治などが明らかになった。ブクログはシャーマンを中心にスバネン語で執り行われる儀礼によって構成されるが、そのプロセスを若い人たちに教えるSLTの活動は、これまですべて母語であるスバネン語を使い口承で行われてきた。一方若い世代は初等教育から英語、フィリピノ語で教育を受け、教師の多くは地域外出身のためスバネン語を理解しない。「スバネン語」はコミュニティの言語が家庭を中心に「話す」「聞く」にとどまり、フォーマル教育では「読む」「書く」を中心にフィリピノ語、英語で行われている。

　本国際プロジェクトを通して、これまでSLTで実践してきたブクログの継承の方法やカリキュラムを記録し、継承活動に有効なフィリピン国実施ガイドライン（英語・スバネン語のアルファベット表記：phonetically transcribed texts）[9] を作成し、デジタル版コンテンツも配信し、スマートフォンでも活用できるようにした。この実施ガイドラインの作成には、ブクログを継承する高校生、カルチャー・マスター、シャーマンを含むコミュニティ・メンバーが参加し形にしていった。SLT設立当初からこの地域で継承者育成を行っているネルダ氏は、「頭の中にため込んでいた指導マニュアルが、初めて形になった。スバネン語でより深く儀礼の意味が理解されて浸透していくことに期待が膨らむ」と報告した。今後は、サンボアンガのフォーマル教育との連携、例えばSLTのカルチャー・ベアラーが講師としてブクログに関する伝統文化の紹介などが取り入れられ、フォーマル教育のカリキュラムを補う取組に広がれば、スバネン語の教育の普及にもつながると期待したい。

　なお、この儀礼についてはNCCAより条約第17条第1項に規定する「緊急に保護する必要がある無形文化遺産の一覧表」（「危機一覧表」）に申請し、国としての支援を行いたいとの相談があり個人的に協力を行った。その後、この儀礼はIRCIのプロジェクト最終年である2019年に開催された無形文化遺産条約の第14回政府間委員会（コロンビア・ボゴタ市、12月9日〜14日）において記載決定に至った。この申請には、コミュニティとNCCAが合意し

た具体的な保護の方策案を盛り込んでいるが、記載されたことで今後はこれらの活動が国際的な関心の中で進められることになる。記載に協力して感じたことは、この国のフォーマル教育とノンフォーマル教育の連携強化の必要性である。当該国のカリキュラムが変わらない現状においては、地元出身の教員を育てスバネン語を理解する教員を投入し、相互に補完関係を確立していくことが急がれる。

8　在来知の活用と社会的レジリエンス—課題と展望—

（1）本国際プロジェクトにおける国際ワークショップの開催

本国際プロジェクトの知見共有と、両国における国別実施ガイドラインの共有、無形文化遺産の教育的活用にむけた実施方策を検討すべく、2019年11月28，29日に国際ワークショップが開催された。本会合では、両国のプロジェクト関係者、日本側リソース・パーソン、ユネスコ・バンコク事務所代表、IRCI事務局により議論が深められた（**表7-1**）。

表7-1　本国際ワークショップにおける両国の取組事例に関する論点

ベトナム国のプロジェクトに基づく指摘事項
● 地域の教育を奨励しようとする新カリキュラム改革と無形文化遺産教育の普及施策が時期的に非常にマッチしていたことが功を奏している。 ● 無形文化遺産教育は学習者が地域を知る上で重要とされる一方、扱う無形文化遺産の地域性を考慮する必要があるなど、多文化社会の尊重と地域特性の配慮をするうえで、取り扱う無形文化遺産の選択には注意すべき。 ● 無形文化遺産教育がいろいろなステークホルダーの協力でなされているため、その社会生態系の構築の重要性が論じられた。行政的施策との連動性、教育の場での教育実践、無形文化遺産保持者の果たす役割などについても議論された。 ● 対象とする学校現場における教育実践にむけて周到な事前準備（研修の実施、指導案の作成、関係者の事前打ち合わせなど）が適切に機能したほか、無形文化遺産教育が生徒のみならず教員にも大きな刺激を与えた。

フィリピン国のプロジェクトに基づく指摘事項
- ブクログは、フィリピン南部のミンダナオ島ザンボアンガ半島の先住民スバネン（Subanen）族によって実践されている無形文化遺産の取組である。主に半島の高地及び河川地域に住み、スバネンの言葉語を話し、経済的、社会的、政治的、文化的、儀式的な生活は絡み合って1つの共同体を構成している。
- 近年直面しているブクログの継承の危機を緩和させる手段として、(1)若者の都市部へ人口流出が顕著である今日的状況を踏まえフォーマル教育システムとの連携を強めていくこと、(2)フォーマル教育における音楽教科においてその地域の楽器などを使用したり、伝統的儀礼を紹介すること、(3)地元出身の教員の採用などを通じて、若者に対して地域の伝統文化価値への関心を促すこと、(4)地域文化に誇りをもたせるアイデンティの形成を醸成していくこと、などが指摘。
- その一方で、儀礼の存続を脅かす外部的な要因として、半島の一部で起こっている武力紛争による住民の流入、強制退去、森林や農地への違法な伐採により儀式の用具が調達できにくくなっていることなどが指摘。
- 状況の深刻化がすすめば進むほど、地域のフォーマル、ノンフォーマル教育の改善を望むことは難しい点についても強調。
- 無形文化遺産の保護、継承は、文化保護としての施策を充実すればいいものではなく、社会全体としての取組なしに、その達成はなされない。

　次節以降では、両国での取組が、「教育の質の向上」と「持続可能な地域づくり」にどのように貢献をしているのか、貢献しうるのかについて、その取組事例の特性を生かして考察することとしたい。その後、「国連・ESDの10年」(2005-2014) で提示された新しい学習の柱「個人変容と社会変容の学びの連関」(learning to transform oneself and society)（UNESCO、2009）[10] と、佐藤ら（2016）[11] が指摘する「変容を促すアプローチ」（学習共同体／実践共同体、協同的探究、コミュニケーション的行為）の視点を援用しながら、SDGs時代のESDと社会的レジリエンスの強化にむけた考察を深めることとしたい。

（2）「教育の質の向上」に貢献する無形文化遺産教育

　「教育の質の向上」に貢献する無形文化遺産教育に関する考察は、ベトナム国における取組事例に基づき考察することとしたい。本取組事例には、知識伝達型のアプローチ（About）、体験型・経験型・参加型アプローチ（In）、態度・行動型アプローチ（For）、自己内省・自己教育型アプローチ（As）などのESDで重視している多様なアプローチ[12]が、個々の教育実践に内在化されていた。とりわけ、無形文化遺産保持者の招聘による実際の無形文化遺産のデモンストレーションや児童生徒との対話、フィールド学習を組み入れたカリキュラム編成、経験学習・参加型学習の充実に、多様なESDアプローチの存在が見られた。

　また、各教育実践における無形文化遺産教育とカリキュラムを統合させるアプローチ[14]にも特徴が見られた。Nghiem Secondary Schoolにおいては、教科「経験活動」における国際的文化の単元学習としての教育実践（Tugging rituals and games: Grade 8）として、学習テーマに関連したカリキュラムへの組み入れに特徴が見られた（**写真7-1**）。Yen Hoa Secondary Schoolにおいては、⑴教科「国語」において、ベトナム国ハノイ市ホアン・キエム湖のフィールド調査を活かした歴史・文化・生活の教育実践（The legend of Hoan Kiem Lake: Grade 6）として、地域的文脈を組み入れたカリキュラム、⑵教科「生物」における呼吸機能の単元学習としての教育実践（Ca-tru Singing: Grade 7）として、学習テーマに関連したカリキュラムへの組み入れ（**写真7-2**）に特徴が見られた。その一方で、⑴無形文化遺産教育のグローバルな文脈との関連づけが弱いこと、⑵無形文化遺産に関する態度や行動変容[13]、⑶無形文化遺産に関する自己反省に向けた学習活動が十分ではないこと、⑷他教科における教育実践との整合性が弱いこと、など課題が見られており、今後の改善が期待される。

　「教育の質の向上」は、カリキュラム編成のみを意味しているものだけではない。従来の教科教育のみならず、その教育実践をサポートする学習環境

（学校施設と運営、学校経営と能力開発、地域連携など）にも配慮をした「学校全体アプローチ」が理想とされている。ベトナム国における取組事例には、このような学校全体としてのアプローチも見られており、それら学習環境の整備が「教育の質の向上」にも貢献していることが読みとれる。

（3）「持続可能な地域づくり」に貢献する無形文化遺産教育

　「持続可能な地域づくり」に貢献する無形文化遺産教育に関する考察は、フィリピン国における取組事例に基づき考察することとしたい。持続可能な地域づくりについて、佐藤・広石（2018）は、「社会生態モデル」（Social Ecological Model）の重要性を指摘している（図7-1）。図7-1の「社会生態モデル」は、社会問題には個々の要因が影響している点に特徴がみられる。

　無形文化遺産の保護・継承においても、文化行政だけが機能しても、無形文化遺産の保護・継承にはつながらず、その文化を支えようとするコミュニティの存在や、保護・継承にかかわる組織の・専門機関の存在、無形文化遺産保持者を守る周りの人の支えも重要であることが読み取れよう。前述のとおり、「無形文化遺産の保護に関する条約」では、「地域社会、集団、個人」

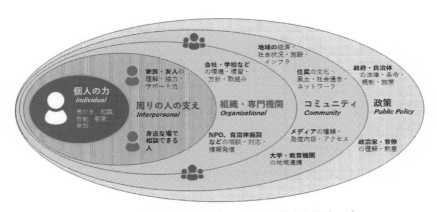

図7-1　持続可能な地域づくりを支える社会生態系モデル

（佐藤・広石, 2018）[15]

（communities, groups, individuals）が自分たちの文化遺産の一部として認めるものとしている点に、「社会生態モデル」として、多様な機能が活き、活かされる機能としての無形文化遺産保護の強みがみられる。前述のとおり、無形文化遺産は在来知が外的に発現した文化資本であり、社会生態系を支えるものといえるだろう。ノンフォーマル教育は、かかわる多くの人々の生涯を通した学びのプロセスとして捉えると、無形文化遺産教育をノンフォーマル教育の領域で実践することは、社会の生態系を機能させ、強化させる可能性を有しているといえよう。

　フィリピン国におけるノンフォーマル教育領域の取組事例は、かかわる人たちが地域の誇りを持ち、自身のアイデンティの一部として無形文化遺産を内在化し、保護・継承する主体の形成と、そのコミュニティの構築、世代間を超えたコミュニケーションの充実、多様な人が無形文化遺産の保護・継承に参画するといった協働プロセスの創造に貢献している。さらには、コミュニティの意向が尊重された無形文化遺産の継承と地域の複雑な問題（貧困解消、地方格差の解消、各民族の母語の存続）への貢献がみられる。

　フィリピン国における取組事例には、このような社会生態系の構築にむけたアプローチも見られており、それらの機能環境の整備が「持続可能な地域づくり」に貢献していることが読み取れる。

（4）両国の取組事例にみられる「変容を促すアプローチ」

　佐藤ら（2016）[16]は、VUCA社会（変動性、不確実性、複雑性、曖昧性の高い社会）に適応した持続可能な社会の構築に資する「変容を促すアプローチ」（transformative approaches）について考察している。そして、特筆すべき３つのアプローチとして、「学習共同体／実践共同体」[17]、「協同的探究[18]」、「コミュニケーション的行為[19]」の重要性を指摘している。

　ベトナム国では、教科において教育実践を行う教師のみならず、その教師を支える教師陣の参画、教育実践にむけた教師間の学びあい、地域連携に「学習共同体／実践共同体」としての特徴を有している。さらに、担当教師とそ

のチームによるカリキュラムの編成・実施を尊重するプロセスを採用することで、「協同的探究」のプロセスと「コミュニケーション的行為」に配慮をしていることが読み取れる。当該国での取り組みは、フォーマル教育としての特性を有しているものの、地域連携による環境保全活動の推進や、地域人材の活用を通した取組を行うことにより、学校教育を超えた、参加・協働のしくみづくり、地域特性を生かした無形文化遺産教育の拡充に貢献しているといえよう。

　フィリピン国では、熟練した継承者を"カルチャー・ベアラー"または"カルチャー・マスター"として認定し、その学習プログラムとしてSLTプログラム構築している点に特徴がみられる。このように、SLTプログラム自体が、「学習共同体／実践共同体」としての特徴を有しつつ、コミュニティの意向を尊重するプロセスを採用することで、「協同的探究」のプロセスと「コミュニケーション的行為」に配慮をしていることが読み取れる。当該国での取り組みは、ノンフォーマル教育の特性を有しつつも、フォーマル教育において、各民族の母国語の存続に向けた取組を行うことにより、地域住民の主体形成、民族としてのアイデンティティの構築、フォーマル教育の質的向上にも貢献している点に特徴がみられる。

　このように、両国における取組事例には、コミュニティの文脈を尊重し、無形文化遺産保護と学びを連動させ、持続可能な地域づくりに貢献していることが読み取れ、上述で指摘する変容を促すアプローチがみられる。

（5）SDGs時代のESDと社会的レジリエンスの強化にむけて―個人変容と社会変容の連動性を意識した無形文化遺産教育へ―

　ESDの詳細については、佐藤・北村・馬奈木（2020）[20] に詳しいが、2009年に提示された学習目的として、「個人変容と社会変容の学びの連関」（learning to transform oneself and society）が提示された。佐藤（2020）[21] は、これまでのESDは、「持続可能な社会の構築にむけた個人変容のための

学び」という教育・学習的側面（人の能力形成）を重視されてきた点を指摘
しつつ、今後は、VUCA社会に適応しつつ、持続可能な社会の構築に資する
「個人変容と社会変容の学びの連関」として位置づけ、教育・学習的側面（人
の能力形成）と社会的側面（社会参加と協働、多様な機能連関による社会の
エコシステムの構築）の両方を重視する能力観へと発想の転換が求められる
ことを強調している。

　これらの指摘を、これからの無形文化遺産教育の在り方としてとらえると、
従来の教育・学習的側面として無形文化遺産教育を捉えつつ、多様な主体の
参画と協働による仕組みづくりに無形文化遺産教育を活かしていくことが必
要とされている。今後の無形文化遺産教育の拡充においては、本国際プロジ
ェクトで研究対象とした両国の取組事例を生かすことが、今後の「質の高い
教育」と「持続可能な地域づくり」の連動性を高める上で、重要な示唆を与
えている。人の能力形成においては、ベトナム国のフォーマル教育における
取組事例からの知見を活かすことができ、地域住民の主体形成、地域の参加・
協働のしくみづくりにおいては、フィリピン国のノンフォーマル教育におけ
る取組事例からの知見を活かすことができよう。このように、これからの無
形文化遺産教育は、国別、地域別の特性に配慮をした取組を尊重しつつ、個
人変容と社会変容の連動を促す相互補完的な社会全体のエコシステムの構築
として、取組事例の知見を活かしたデザインが期待されているといえよう。

　本稿は、第2節、第3節、第6節は岩本が、第4節、第7節は大貫が主に
担当をした。第1節、第5節、第8節は、筆者らによる議論に基づき佐藤が
執筆した。

注
（1）本節の記述に当たって、七海ゆみ子（2012）「無形文化遺産とは何か」彩流社
　　から多くの示唆を得た。
（2）条約本文は日本政府仮訳による
（3）ジグムント・バウマン著奥井智之訳（2017）「コミュニティ」ちくま学芸文庫

pp.74-75

（4）IRCI, 2019, Proceedings of the Asia-Pacific Regional Workshop on Intangible Cultural Heritage and Natural Disasters, pp.149-152.

（5）UNESCO, 2015, Learning with Intangible Heritage for Sustainable Future, Guidelines for Educators in the Asia Pacific Region,

（6）既存教科への内在化、学習テーマに関連したカリキュラムへの組み入れ、地域的文脈の組み入れ、課外活動、クロスカリキュラムへの内在化、ホールスクール・プロジェクト

（7）UNESCO, 2015, Learning with Intangible Cultural Heritage for a Sustainable Future-Guidelines for Educators in the Asia-Pacific Region.

（8）IRCI, VME & VNIES, 2020, Guidelines for Intangible Cultural Heritage Education in Vietnam Schools Towards Sustainable Development Goals, Research Teams from VNIES and VME.

（9）IRCI and National Commission for Culture and Arts, the Philippines, 2020, Multi-Disciplinary Study on Intangible Cultural Heritage's Contribution to Sustainable Development, Focusing on Education.

（10）UNESCO, 2009, Bonn Recommendation, UNESCO World Conference on Education for Sustainable Development、Abridged, UNESCO, Paris, France.

（11）佐藤真久・Didham Robert, 2016,「環境管理と持続可能な開発のための協働ガバナンス・プロセスへの「社会的学習（第三学派）」の適用に向けた理論的考察」、『共生科学』、7、pp.1-19

（12）ESDで重視している多様なアプローチについては、[佐藤真久（2020）""VUCA社会"に適応した持続可能な社会づくりに求められる能力観」、『SDGs時代のESDと社会的レジリエンス』、筑波書房、pp.23-42.］を参照されたい。

（13）教科「国語」において、ベトナム国ハノイ市ホアン・キエム湖の文化を守るために児童生徒自身ができることを授業後半に議論しており、ゴミを捨てない、ゴミの分別、記念物の保存のなどについて考察を深めていた。無形文化遺産教育を通して、児童生徒の態度や行動変容に向き合った教育実践として位置付けられる。

（14）UNESCO（2015）は、フォーマル教育のカリキュラムに無形文化遺産教育を統合させる潜在的アプローチとして、(1)教科への内在化、(2)学習テーマとしての内在化、(3)地域的内容としての組み込み、(4)課題活動、(5)クロスカリキュラム、(6)ホールスクール、を挙げている。

（15）佐藤・広石（2018）『ソーシャルプロジェクトを成功に導く12ステップ』、みくに出版

（16）佐藤真久・Didham Robert, 2016, 再掲

（17）実践共同体・学習共同体—実践共同体は、「共同の取組に対する専門性と情熱

を共有することでインフォーマルに結びついた人々のあつまり」と定義される。Wenger（1998）は、実践共同体の学習構造における中心的柱として、(1)参画（engagement）─相互関係・能力・継続性、(2)想像（imagination）─指向性・内省・探究、(3)調整（alignment）─集約・強調・権限、を導入している（Wenger 1998: 237-9）。HungとChenは、効果的な学習共同体の特徴として、(1)状況依存性、(2)共通性、(3)相互依存性、(4)基盤、を特定している。詳細については、佐藤・Didham（2016）を参照されたい。

(18) 協同的探究─1970年代にHeronとReasonにより最初に開発された研究方法論に基づいている。「参加型行動研究」（PAR）と密接につながっており、三つの戦略（一人称、二人称、三人称）の各行動研究を提示している。詳細については、佐藤・Didham（2016）を参照されたい。

(19) コミュニケーション的行為─社会的理解や観点の論理的再構成を目指す相互／グループ協議の理論で、1980年代にHerbermasが説いたものであった。コミュニケーション的行為は、自身が表明する考えや意思の内容に対して、相手の自由な納得と承認を求める行為であると言われている。詳細については、佐藤・Didham（2016）を参照されたい。

(20) 佐藤真久・北村友人・馬奈木俊介（2020）『SDGs時代のESDと社会的レジリエンス』、筑波書房

(21) 佐藤真久（2020）「"VUCA社会"に適応した持続可能な社会づくりに求められる能力観」、『SDGs時代のESDと社会的レジリエンス』、筑波書房、pp.23-42.

おわりに

　世界のグローバル化が加速する一方で、新型コロナウイルスは私たちの生活を一変させた。多様な選択肢がありそうでない現代、どのような社会を創り発展させていくべきなのか。本書は「在来知」と「レジリエンス」をキーワードに、これを探求した。

　本書は、在来知がいかに社会的レジリエンスの持続と発展に貢献しているのかについて論じ、在来知の再評価や活用の意義に関する多くの重要な知見を提供した。「在来知」は人びとが自然・社会環境との関わりを通して形成・蓄積した知識やそれに基づく実践を緩やかにまとめる包括的な概念、「レジリエンス」は危機的状況から日常を回復する過程、もしくは機能不全の日常から新たな日常を再構成する過程に関わる概念として、それぞれ取り扱った。

　対象地域や人びとが直面した問題には大きな違いはあるが、所収論文は、①ある歴史的事柄に直面した社会に見出されるレジリエンスの様相を扱ったものと、②さらなる社会的レジリエンスの獲得に向けた播種的な取り組みを扱ったものに大別できる。前者に含まれる論考では、地域社会に持続する交換体系や相互扶助の精神が社会的危機のインパクトを軽減したことが活写されたり、拙稿で論じたように非対称な権力関係にある天然資源のステークホルダー間の政治的交渉を有利に進めるための武器として在来知が用いられたりする様が示された。他方、後者においては文化的多様性、ないしは多様な知の体系の存続を人類全体の財産として再評価し、グローバル規模の目標として設定された持続可能な社会の実現に向けた人材育成を目指すプロジェクトや、環境保全の必要性を経験的に学習する機会の提供を通して、個人レベルでの意識啓発を促すプログラムなどが取り上げられた。

　しかし、これからの社会像を模索する際に在来知のみを過大評価すること

は、結果的に概念としての存在意義や有効性自体を突き崩し、知識一般を指し示す言葉と同義になりかねない危険性にも留意すべきだろう。

　私は、自然環境が厳しいと言われる米国アラスカ州の内陸部と北極海沿岸に18年暮らした。冬は−40℃を下回る日々が２週間近く続き、−60℃以下の寒さになることもある。またアラスカは日本以上に地震が多く、マグニチュード７以上の地震を二度経験した（2016年１月M7.1と2002年11月M7.9）。さらに、北極圏への地球温暖化の影響はどこよりも大きく、多くの先住民が、地球温暖化の影響で季節の変化や海氷の状態が予測不能となったため、これまで彼らが培ってきた伝統的生態学的知識や在来知が、狩猟・漁労の場で活かしにくくなっていると語る。

　そんな「過酷な」アラスカから2016年に帰国し、九州大学に着任した私は、九州や日本全体の災害と人的被害のあまりの多さ・大きさに驚いた。九州は、梅雨時に集中豪雨が多発し、本州と比較して勢力の強い台風が多く接近する台風常襲地帯であり、河川の氾濫、土砂災害等、自然災害が発生する頻度も高い。毎年のように「100年に１度の大雨」が降り、気象庁は繰り返し「命を守る選択」を呼びかける。数万人規模の避難指示が出され、死傷者・行方不明者は多数、家屋は浸水や損壊、人々は不便な避難所生活を長く強いられる。さらに、農作物など経済的被害も大きい。

　ここで注目すべきは、多くの被災した地元住民は、彼らのこれまでの経験知、在来知と大きくかけ離れた現実を語る点だ。在来知に命を助けられた人々がいる一方で、「どんなにひどい状況でも、今まで大丈夫だった」「川の水位が、こんなに上がったことはなかった」など、住民が在来知に大きく依存したが故に避難が遅れ、その結果、被災してしまったケースも多い。

　在来知への注目は、そこに暮らす人々の知識やプライオリティを知り、それを社会経済政策に生かすことができるという意味で確かに有効である。在来知を無視することは、それぞれの地域社会が既に持ち合わせているレジリエンスを見逃すことに他ならず、場合によっては既存のレジリエンスの脆弱化を招く政策を採用する可能性を生み出す。

　しかし歴史的過去に生きた人びとがそれぞれの生活環境の中で利用した知識や実践を「自然に優しい」と懐古主義的に理想化し、無批判に現代社会が抱える問題を解決するために応用することもまた危険である。在来知とは、特定の場所と時間、そして特定の社会経済体制に埋め込まれた知の体系である。それゆえに在来知という一つの知識体系だけを切り取って偏重すべきではない。

　わたしたちが目指すべきは、在来知を自然科学、社会科学、情報技術などのあらゆる分野の知識体系と融合し、より持続可能な社会を目指すためのツールとして発展させていくことにある。在来知を含めた多様な知の体系や技術へのアクセスを可能とする体制を構築し、持続可能な発展を可能とする方策を探ることが肝要だ。

生田 博子

執筆者紹介

編者・はじめに・第1章
古川 柳蔵［ふるかわ　りゅうぞう］
東京都市大学大学院 環境情報学研究科・教授。博士（学術）。専門は環境イノベーション。東京大学大学院工学系研究科修了後、民間シンクタンク、東北大学大学院環境科学研究科を経て、現職。持続可能なライフスタイル、バックキャスト、ライフスタイルデザイン、ネイチャー・テクノロジー等、ライフスタイル変革の研究を行う。未来の暮らし創造塾塾長。

第2章
島田 和久［しまだ　かずひさ］
北海道大学高等教育推進機構・准教授。Ph.D.
総合地球環境学研究所共同研究員および、豪州アデレード大学客員研究員を兼任。編著書に『レジリエントな地域社会—自然に寄り添う暮らしの実現に向けて』（総合地球環境学研究所、2020）など。

第3章
藤岡 悠一郎［ふじおか　ゆういちろう］
九州大学大学院比較社会文化研究院・准教授。博士（地域研究）
地理学。自然環境と人間社会の相互作用、気候変動への適応策、農山村における生業変容に関わる研究に従事。

第3章
庄子 元［しょうじ　げん］
青森中央学院大学経営法学部・講師。博士（理学）
人文地理学（農業・農村分野）。地域営農組織の展開による農地利用ガバナンスの再編、乾燥地における食料生産およびフードシステムの研究に従事。

編者・第4章・おわりに
生田 博子［いくた　ひろこ］
九州大学留学生センター・准教授、Ph.D.（人類学）。米国アラスカ大学フェアバンクス校B.A. 同大学大学院M.A. 英国アバディーン大学大学院Ph.D. 米国ダートマス大学極地研究所、アラスカ州政府野生動物管理局などを経て現職。北極圏の生存狩猟・漁労、気候変動が環境や人の生活に与える影響、持続可能な開発などの研究に取り組んでいる。

第5章
三橋 正枝 [みつはし　まさえ]
東北大学大学院環境科学研究科・助手を経て、現在NPO法人スマートエンバイロ
メンタルソリューションズ研究所代表理事、合同会社こころゆたか代表。2015年
より東北大学大学院環境科学研究科で持続可能で心豊かな暮らし方と価値転換の
研究に従事。2020年より法人を設立し、自治体のまちづくり支援業務や高校での
環境教育など、社会実装に取り組んでいる。

第6章
髙野 孝子 [たかの　たかこ]
早稲田大学文学学術院文化構想学部・教授。立教大学客員教授。NPO法人エコプ
ラス代表理事。早稲田大学政治研究科修士。ケンブリッジ大学M.Phil.英国エジン
バラ大学Ph.D. ジャパンタイムズ社報道部、インディペンデントライター＆研究者
を経て、現職。体験的学びの長期的影響や、地域に根ざした教育の研究などに取
り組んでいる。

第7章
岩本 渉 [いわもと　わたる]
国立文化財機構アジア太平洋無形文化遺産研究センター（IRCI）所長。
文部科学省、国際教育科学文化機関等を経て現職。持続可能な開発のための教育
（ESD）、文化と持続可能な開発、無形文化遺産の保護に関する調査研究に従事。

第7章
大貫 美佐子 [おおぬき　みさこ]
国立文化財機構アジア太平洋無形遺産研究センター（IRCI）元副所長・研究室長。
財団法人ユネスコアジア文化センター（ACCU）文化協力課長、日本女子大学講
師を歴任。主にベトナム、フィリピン、アフガニスタンなどを中心に消滅の危機
に瀕する無形文化遺産の調査及び復興プロジェクトに従事。

第7章
佐藤 真久 [さとう　まさひさ]
東京都市大学大学院 環境情報学研究科・教授。Ph.D.
国内外において、協働ガバナンス、社会的学習、中間支援機能などの地域マネジ
メント、組織論、学習・教育論の連関に関するアクションリサーチに従事。

SDGs時代のESDと社会的レジリエンス研究叢書 ③

在来知と社会的レジリエンス
サステナビリティに活かす温故知新

2021年7月4日　第1版第1刷発行

編著者　古川 柳蔵・生田 博子
発行者　鶴見 治彦
発行所　筑波書房
　　　　東京都新宿区神楽坂2－19 銀鈴会館
　　　　〒162－0825
　　　　電話03（3267）8599
　　　　郵便振替00150－3－39715
　　　　http：//www.tsukuba-shobo.co.jp

定価はカバーに示してあります

印刷／製本　平河工業社
©2021 Printed in Japan
ISBN978-4-8119-0604-1 C3037